韓国エンタメ会話帳

大好きなスターに想いを伝えるために

古家正亨・ホミン 著

情報センター出版局

はじめのあいさつ

- …まずは、この本を書店で、そして、ネットで購入していただき……
- …감사합니다！（ありがとうございます！）
- …僕は、韓国のエンタメ関連の仕事をし始めて、今年で早11年、イベントのMCの仕事もかれこれ400回近くになります。そんな僕が、常日頃感じているのが、ファンの皆さんの語学力のすごさです。
- …確かに日本の韓流ファンの人たちの韓国語の力ってすごいですね。
- …ステージにいるスターたちのトークに、間髪入れずに反応。共に笑ったり、感動したり……韓流スターたちにとって、これほど嬉しいことはありません。10年前には考えられないことでした。
- …一生懸命勉強されているのが伝わってきます。でもその一方で、「いざというときに、どんな言葉を使って自分の気持ちを伝えれば良いか……本人を目の前にすると、一瞬のうちに忘れてしまって、せっかく偶然大好きなスターに出会っても、何も話かけられなかった……」という話を聞いたことがあります。
- …「コンサートで、どんな風にエールを贈れば良いのかわからなくて……。つい日本語になってしまう」と、シチュエーションごとに使える、ネイティブらしい表現までではわからないというファンの方も少なくありません。

함께 갑시다〜！
（一緒に行きましょう！）

🐱…そこで、この本では、そんなエンタメシーンに特化した会話帳として、よくあるシチュエーションを設定。シチュエーションごとに「こんなこと言えたら良いなぁ」というフレーズを選び、韓国語の文法を知らなくても、すぐに使えるようにしました。前半はコミック形式でシミュレーションできるように。後半は実際に使えるフレーズを選んで、かわいいイラストと共に（笑）まとめてみました。

👦…あら、自分でかわいいって言っちゃうんだね！ホミンのそんなイラストと、ネイティブだからわかるリアルな韓国語表現をまとめたこの本。僕自身が、イベントでMCをする際に、本人を目の前にすると、頭が真っ白になってしまうファンの皆さんを何度も見ていて、そんな皆さんに使ってもらえればなぁということを想定して書き記しました。

🐱…日本で行われるイベントはもちろん、韓国に直接足をのばして、韓流スターたちの足跡を辿る際にも、ぜひこの本を活用して、韓国エンタメのより深い世界に触れていただければ幸いです。

👦…では、韓国エンタメの世界に一緒に飛び込んでいきましょう！

👦🐱…함께 갑시다！（一緒に行きましょう！）

ENTERTAINMENT NOTEBOOK

もくじ

はじめのあいさつ ……………………… 2
この本のしくみ ………………………… 6

chapter 1 pupu と furuco
ユン様に想いを伝える韓国エンタメ旅行

キャラクター紹介 ……………………… 8

introduction	ユン様が日本にやってくる！………………	9
episode1	空港での出待ち ………………………………	10
episode2	TV 局での出待ち ……………………………	12
episode3	ファンミーティング ………………………	16
episode4	映画祭のイベント …………………………	22
episode5	ユン様行きつけのお店 ……………………	26
episode6	韓国でのコンサート ………………………	30
episode7	ユン様、入隊のとき ………………………	36
episode8	トキちゃんとの出会い ……………………	40
episode9	ロケ地巡り …………………………………	44
episode10	楽しいお買い物 ……………………………	48
episode11	ユン様に手紙を書く ………………………	52
episode12	トキちゃんからの手紙 ……………………	56

chapter 2 韓国エンタメ指さし会話帳

空港での出待ち ………………………… 60
事務所前での出待ち …………………… 62
イベント会場での出待ち ……………… 64
ホテルでの出待ち ……………………… 66
スターに想いを伝える ………………… 68
サインをもらう ………………………… 70
ファンミーティング …………………… 72
ファンミでお願い ……………………… 74
コンサートで叫ぼう！ ………………… 76
ミュージカルを楽しむ ………………… 78
イベントでのトラブル ………………… 80
入隊・除隊 ……………………………… 82

ファンと仲良くなる	84
気になる情報について尋ねる	86
スター行きつけのお店にて	88
店員さんに尋ねる	90
美容院に挑戦してみる！	92
美容師さんと仲良くなる	94
ロケ地巡り	96
ロケ地で尋ねる	98
お目当てのCDを探す	100
CDを購入する	102
おすすめを尋ねる	104
お誕生日に送る手紙	106
イベント後に送る手紙	107
デビュー記念日に送る手紙	108
好きな気持ちを伝える手紙	109
新曲の感想を送る手紙	110
入隊するスターに送る手紙	111
除隊したスターに送る手紙	112

chapter 3　韓国エンタメ俳優・アーティスト名大辞典

俳優編	114
K-POP編	118
おわりのあいさつ	126

column　pupuとfurucoのエンタメおしゃべり

ファンとしてのルール	14
ファンミの楽しみ方	20
イベントでのプレゼント	24
スター行きつけのお店	28
合いの手＆アンコール	34
入隊について	38
ファンとの交流	42
ロケ地巡り	46
韓国ならではの買い物	50
ファンレターを書こう	54

ENTERTAINMENT NOTEBOOK
この本のしくみ

chapter 1
pupu と furuco
ユン様に想いを伝える韓国エンタメ旅行

韓国エンタメについて知りたい情報が満載！マンガとコラムを読んで、大好きな韓流スターを応援するときのお役立ち情報やマナーについてお勉強しましょう。あなたの韓国エンタメライフが、より楽しくなること間違いなし！

chapter 2
韓国エンタメ指さし会話帳

韓国エンタメにまつわるフレーズや言葉に特化された「指さし会話帳」です。日本語・韓国語・読み方がセットになっているので、韓国語がまったくわからなくても大丈夫！

韓国エンタメ指さし会話帳の効果的な使い方は、
❶ 事前に伝えたい言葉を探して発音練習！
様々なシチュエーションを想定して、言葉をピックアップしています。事前に練習すれば、大好きなスターに韓国語で想いを伝えられます。
❷ 伝えたい言葉を指さして、大きな声で発音する
韓国で現地の人とコミュニケーションをとる際には、本を見せながら発音してみましょう。思わぬ情報をゲットできるかも !?
❸ そのまま書き写す！
p106 から始まるファンレターのパート。文字をそのまま書き写して、大好きなスターに手紙を送ってみましょう。上級者は言葉を選んで組み合わせてみて！

chapter 3
韓国エンタメ　俳優・アーティスト名大辞典

約1000人の俳優・アーティストの名前をハングルで表記しました。ファンレターや応援プレートに、ハングルで大好きなスターの名前を書いてみよう！

ENTERTAINMENT NOTEBOOK

chapter 1

pupuとfuruco
ユン様に想いを伝える
韓国エンタメ旅行

ENTERTAINMENT NOTEBOOK
キャラクター紹介

pupu

furuco と暮らす白い犬。(ホミンの分身)
もともと趣味はガーデニングだったものの、偶然テレビで見た「春のソナタ」にハマり、主演のユン様にぞっこん！それ以来、韓流の虜に。夢はユン様と2ショット写真を撮ること。

furuco

一緒に暮らす pupu と共に、韓国ドラマやK-POPにハマり中！好きな食べ物はサムギョプサル。最近ユン様にハマる pupu をみて、ユン様にジェラシーを感じつつも、いつもやさしく pupu を見守る家電オタク。(古家の分身)

ペ・ユンジュン

演技に歌にダンスに大活躍中の韓流スター、通称ユン様。身長186cm、低音の甘い声、サングラスの下に隠れたさわやかな笑顔に魅了される人が続出！主演作品「春のソナタ」は日韓両国で大ヒット！韓国では視聴率が50％を越えた。

トキちゃん

韓国で出会ったうさぎの友達。
名前の由来は韓国語のうさぎ＝토끼（トッキ）から。
日本のアニメが大好きで日本語も少し話すことができる。ユン様の大ファンで、大変貴重なグッズを数多く持っている。

introduction ユン様が日本にやってくる!

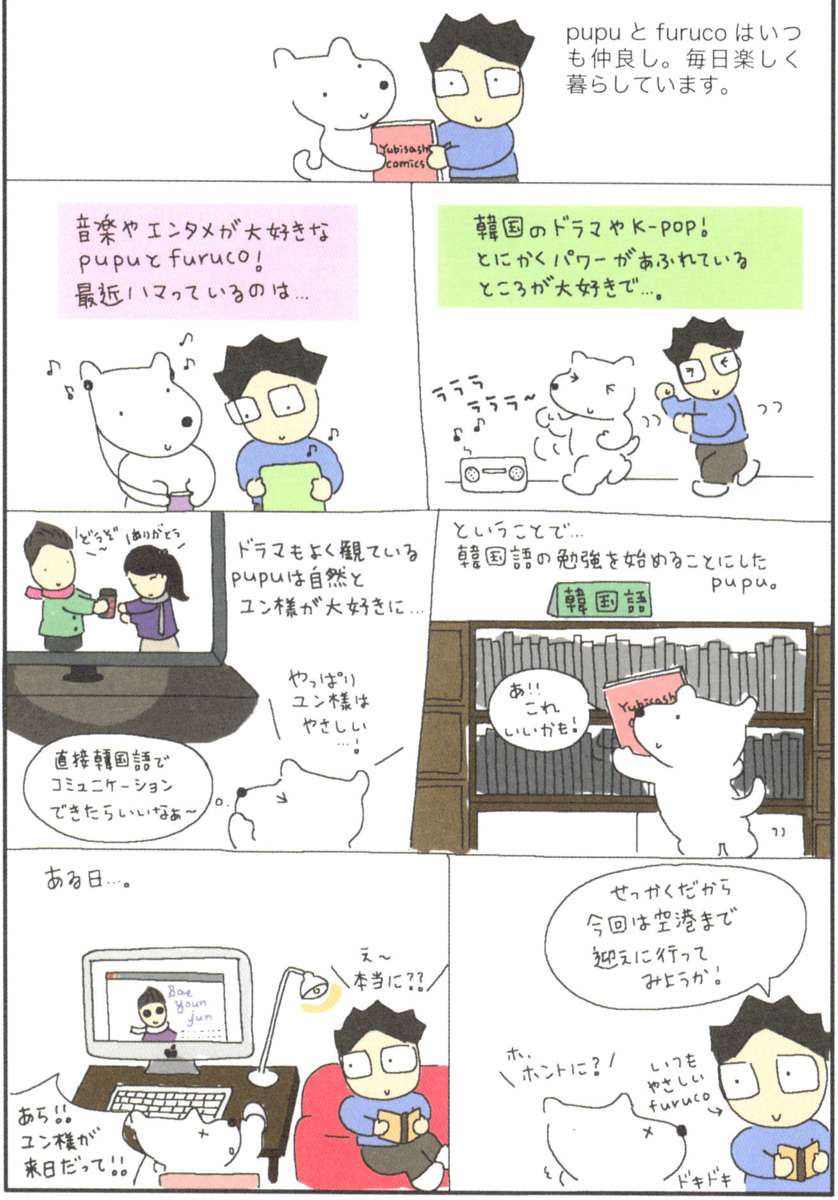

episode 1　空港での出待ち

今日は待ちに待った、ユン様来日の日。
pupu と furuco は羽田空港で初めての出待ちをすることにしました。

キャー!!!
キャー!!!
出てきた!!
ここを見て下さい~!
여기좀 봐주세요~!
팬 ファン
싸인 サイン
OOO씨의 왕팬이에요
싸인 해 주세요
これ、使えそうじゃない?
キャ~!!
ユン様~!!
キャー!!
ここを見て~!!
ん?韓国語…!?
윤사마~!!
여기좀 봐주세요,
왕 팬이에요~!!!
(ユン様~!! ここを見て下さい, 大ファンです~!!!)
白い犬のファンははじめて!
반가워요~!
한국말 잘하네요.
(韓国語が上手ですね!)
저기… 싸인좀…
(サインを…)
すご~い!!
う、うらやましい…。
私も~!!
やった!嬉しい~♪
ぼくも頑張ろう。
いいな~!
このイラストは分かりやすくていいね~!
そうだね~
Yubisashi Comics

episode 2 TV局での出待ち

空港でのうれしい出来事から、出待ちにはまってしまいそうな2人。ユン様テレビ出演の情報をゲットしました。

韓国はもちろん、アジア各国、そして日本でも大人気のユン様ことペ・ヨンジュン！

今回、新しいドラマのPRのために来日したのでした！

今日はなんと！大人気のTV番組「韓タメ スキ♥」の生放送に出演。

そんなユン様に会いたくてやって来たファンたちでごった返しているTOKYO TV！

そしてもちろん！この2人も…！！

いよいよ本番スタート！

ユン様で〜す！！

こんにちは！TOKYO TVアナウンサーの前田まりです。…早速今日、お迎えするゲストをご紹介します！

안녕하세요~!
コンニチハ~!
こうして番組は順調に進み…。
日本の女性はどうですか?
それでは最後に視聴者の方からの質問です。
韓タメスキ
かわいくてやさしくて何といっても配慮の心がありますね~
네, 일본여성은 귀엽고 온화하며 상대방을 배려하는 마음을 갖고계신것 같습니다…!
あーそうですか…! 私も? アハハ…!! …次に行きましょう!
日本で一番記憶に残る想い出は!?
韓タメスキ
そうですねー。いろいろありますけど…。あ、そういえば初めて白い犬のファンが私にも…
음… 여러가지 있는데요, 아, 그러고보니 처음으로 저에게도 하얀 강아지 팬이 생겼다는거…?
え? それって私のことじゃない~?!
他にいないでしょ?
そしてついに来月、東京でユン様のファンミーティングが開かれますのでぜひ△※○□…
韓タメスキ
ヨロシクオネガイシマス~!
い、行きたいなぁ~
윤사마
連れて行ってあげようかなぁ~

pupuとfurucoのエンタメおしゃべり

ファンとしてのルール

- 👦 …最近では珍しくなくなった、韓流スターたちの出待ち。
- 🐱 …羽田空港とか、すごいよね。
- 👦 …ここ数年で、韓国エンタメの人気を受けて急増したよね。スターにとっても、空港での出待ちがステイタスのひとつのようになっているね。
- 🐱 …でもその一方で、いろいろ問題もあるみたい。
- 👦 …ルールを無視した悪質なファンもいるからね。出待ちのときにも守ってほしいルールがあります。出口から移動の車に向かう途中、スターにむやみに近づかないこと！
- 🐱 …それは本当に大切！！とっても危ないからね。
- 👦 …出口付近では規制が敷かれていてスターたちに近づくことができないんだけど、その規制線が途切れた場所からだとかなり近づくことができるんだよね。その場所から、スターにむやみに近づこうとするファンが増えているんだ。気持ちはわかるんだけど、他のお客さんの迷惑にもなるし、スターもスムーズに移動車まで移動できなくなってしまう。警備員さんに抑えられたファンが「殴られた」とか「セクハラされた」とクレームをして、トラブルになるケースもあるんだよ。
- 🐱 …韓国でも「スターのマネージャーに殴られた」と言って、そのときの様子を撮影した写真や動画をネットにアップしていることも少なくないよね。
- 👦 …ま、日本ではそこまではないけど……でも、かつてホテルで、あるスターの出待ちしていたファンが、スターの乗る車を追いかけてケガをしたこともあったね。出待ちは人気のバロメーターの１つでもあるから、ファンの出待ちは確かに嬉しいとは思うんだけど、それに伴うトラブルや事故も増えていて、スターも心配で気が気でないんだ。
- 🐱 …大好きなスターに近づきたい！という気持ちは理解できるんだけど。逸る気持ちを抑えて、スターたちが気持ちよく日本に滞在できるような歓迎をお願いします！
- 👦 …他にも、行き過ぎたファンの行動が、日韓両国で問題になっているね。
- 🐱 …それって、私生ファン（サセンペン）のこと？
- 👦 …そう。私生ファンとは、芸能人の私生活を追いかける熱狂的なファンのことをいう造語なんだけど、ほとんどのアイドルが私生ファンの愛情に苦しめられたことがあるみたい。

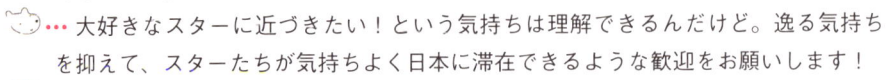

日本にもアイドルの"追っかけ"文化があるけど、ファンの中でしっかりコミュニティが作られていて、守るべき"ルール"があるので、韓国のような大きな問題にはなっていないんだ。それに加えて、日本ではスターとファンの間に、近づきたいけど近づけないという一定の距離感があるね。

… 韓国では「お客様は家族」っていう考えが強いもんね。ファンとの親密さが大切であるという社会的な考え方があるの。

… 日本人が韓流スターやK−POPアイドルに憧れる理由は、まさにその距離感！ 日本の芸能人とは築けない、親密さがあるんだよね。韓国ではその親密さを拡大解釈して、スターのプライベートに入りこんでいいと勘違いしてしまうファンも多いのかもしれないね。韓国のアイドル文化は90年代後半に生まれたまだ若い文化。アイドル文化が短期間で急成長してしまったからかもしれないね。

… でも韓国では「日本のファンは本当にマナーがいい」という話をよく聞くよ。

… 嬉しいけど、最近の若いファンの子たちの中には、韓国式マナーに慣れてしまった人もいて、日本ならではの応援マナーが受け継がれずにいるようで……少し悲しいんだ。韓国でのライブ、みんな堂々と写真やら動画を撮っているでしょ？ あれって本当は違法なんだよ。韓国でも基本的にライブやコンサート会場では撮影禁止だからね。

… でも、それについて韓国ではあまりきつく言えない雰囲気があるかも……。

… 決して良いと言えないマナーまで韓国に習って応援する必要はないからね。韓国のメディアに"日本の私生ファン"という言葉を使われないように、日本人として配慮あるファンであって欲しいね。

episode 3 ファンミーティング

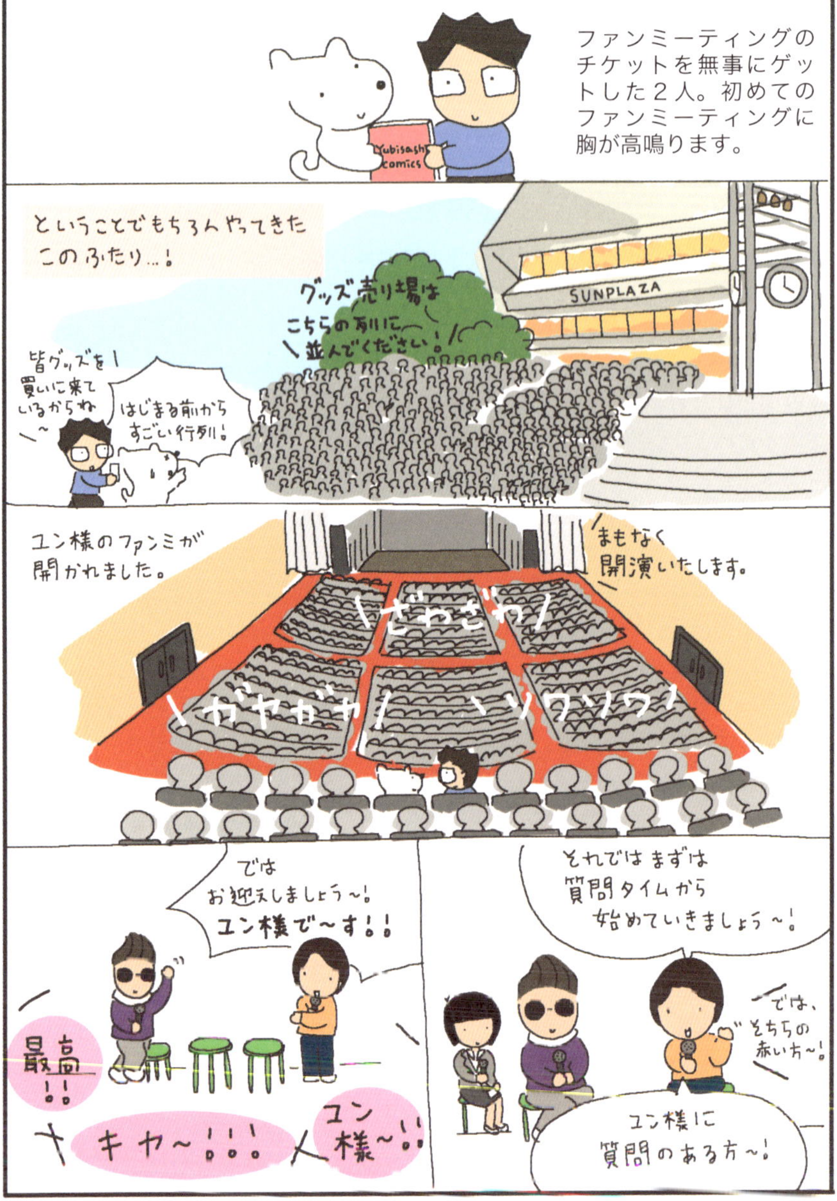

理想の女性像を教えてください。
…私でも良いですよ〜!
ワハハ〜!!
ワハハ!
네~ 당신과 같이 눈이 크고
여성스러운 스타일을
좋아합니다~
ユン様!
さすが
ファンの心を
つかみますね〜!
そうですね。あなたの様な
目が大きくて
女性らしいつつしみのある方ですね。
ではここで
ユン様のことなら
何でも知ってるでしょう。
ユン様
○×
クイズ〜!!
イエ〜イ
イエーイ〜!!
問題です。
ユン様のふるさとは
釜山である。
○か
×か!
当然
ソウル
でしょ?
知らない〜
あれー
確か釜山
だったよなぁ〜
では
まいりましょう!!
○か×か
一斉に
どうぞ!!
マル〜!!
○!
マルだ〜!
…

ウ〜!!
…
?
…
ヤだ〜!
エ〜?
正解は…×!
なんと!1人だけ正解です!!
ステージにどうぞ!!
あなたにはユン様との2ショット写真のプレゼントです!!
ダメ〜!!
私も〜!!
어랏? 요전에 공항에서 만났던 하얀강아지 아니에요?
(あれ?きみはこの前空港で会った白い犬じゃないか?)
え〜?
あ、ネ〜!
←何を言っているのか分からない
皆さんも掛声をどうぞ〜!
では韓国語で行きますよ〜!!
하나, 둘, 셋~
(ハナ、トゥル、セッ〜)
김치!
キムチ
김~치!
キムチ
STAFF
そしてユン様の迫力あるステージ。
さらに抽選会と進み…。

楽しく過ぎていく時間…。
皆さん、今日楽しんでいただけましたか？
では、最後に皆さんにユン様から重大な発表があります～！
そして遂にエンディング…。
저… 사실은 다음 달에 입대합니다 …！
実は…。来月入隊することになりました。
…！？
エー？！
ウソでしょ？
입대 하기 전 마지막 콘서트를 다음달 서울에서 개최하는데… 여러분들도 꼭 와주실꺼죠～？
…入隊前のラストコンサートを来月ソウルで行います。ぜひ来てください～！
そんな…。突然言われても…
でも、私もソウルに行きたい…！
しくしく
…
うん…。しょうがない、ソウルに連れていってあげようか。でも、不安だな～
ということで、ユン様を追いかけてpupuとfurucoのソウルへの旅が始まるのでした…。
そこまで好きなのかい…。

pupuとfurucoのエンタメおしゃべり

ファンミの楽しみ方

- …日本でもすっかりファンミーティングという言葉が定着した感じがするね。
- …じゃ、昔はなかったの？
- …ファンを対象にしたイベントは、アイドルを中心に当然存在していたけど、韓国のように、ファンが主体となってイベントを開催するファンミーティングという形態はなかったね。
- …韓国ではファンクラブの会員であれば、基本的に無料で参加できるけど、日本ではちょっと高いよね、チケット。
- …名前は同じファンミーティングでも、日本と韓国では全く意味が違うと思うんだ。韓国では、あくまでファンのための集まり。オフ会のような雰囲気の中に、招聘した歌手や俳優が来る感じだけど、日本では1つの興行イベントとして行われているから、純粋にファンミーティングとは言えないんだ。
- …でも、内容は……似ているかも。
- …もちろん。イベントの多くは韓国側主導で行われているからね。韓国の構成作家さんが台本を書いて、それに基づいて日本のスタッフが動くというケースが多いんだ。だから結局、"韓国的"な内容になるってわけ。

  2004年以降、日本で定着してきたこのファンミというカテゴリーのイベント。さすがに毎回、どのアーティストや俳優も同じ内容だと、いくら主人公が変わっても、日本のファンも飽きてくる気がするね。そろそろこうしたイベントそのものを見直す時期に来ているのかもしれない。
- …だから、最近敢えてファンミという言葉を使うイベントが少なくなっているのね。
- …ファンミで思い出した！長年こうしたイベントのMCを務めていて感じていることなんだけど……。
- …うん。
- …スターたちが、とにかくファンの反応を気にかけているんだ。
- …ファンの皆さんの反応？それってどういうこと？
- …たまに、イベント中スターたちが「皆さん、楽しいですか？」とか「みなさん、起きてますか？」とか、まるで冗談のような発言をすることが多いって気づいてた？そんな発言をしながら、観客の反応を見ていることがよくあるんだ。

🐱…　そういえば……。

😎…　このような発言には、日本人の静かさが大きく関係していると思うんだ。韓国でライブやイベントに参加したことがある人は知っていると思うんだけど、韓国ではファンの盛り上がりが、半端じゃない！その盛り上がりを例えるなら、絶叫コースターで大声をあげているみたい……！それと比較すると、日本人の盛り上がり方はかなり大人しいと言えるね。

🐱…　たしかに。スターとしては少し不安になっちゃうかもね。

😎…　韓国では、歌を聴くことよりも、会場との一体感、つまりその空気感を楽しむ傾向が強い。最初から一緒に歌を歌い、踊り、騒ぐわけだけど、その盛り上がりは、例えスターたちがバラードを歌っても変わらないね。
　一方で、日本人は、緩急を楽しむ傾向がある。導入部では様子を見て、盛り上がる曲では立ち上がる。バラード曲では椅子に座り、そして、最後の曲からアンコールにかけては、自身の盛り上がりも最高潮に持っていく。このように、韓国と日本ではイベントやコンサートの楽しみ方、音楽の聴き方が全く違うんだ。

🐱…　日本でのイベントでも、韓国から来たスターたちが安心できるように応援するのが、ファンからの最高のプレゼントなのかな。

😎…　どうだろう？前に、韓国を代表する超ベテランバンドのメンバーが、日本でライブをした後に「日本人ほど音楽を聴く耳を持った人はいない」と語ってくれたんだ。「日本の観客は座ってほしいときには、目を閉じて静かに音楽を聴いてくれる。一緒に踊ってほしいときは、立ち上がってくれる。そんなところに、音楽を聴く文化が養われた日本の成熟さを感じる」とも言っていたよ。

🐱…　そうなんだ！わざわざ韓国風の応援でなくても、日本人らしい楽しみ方で、スターとの貴重な時間を楽しめば良いのかもしれないね。

episode 4 映画祭のイベント

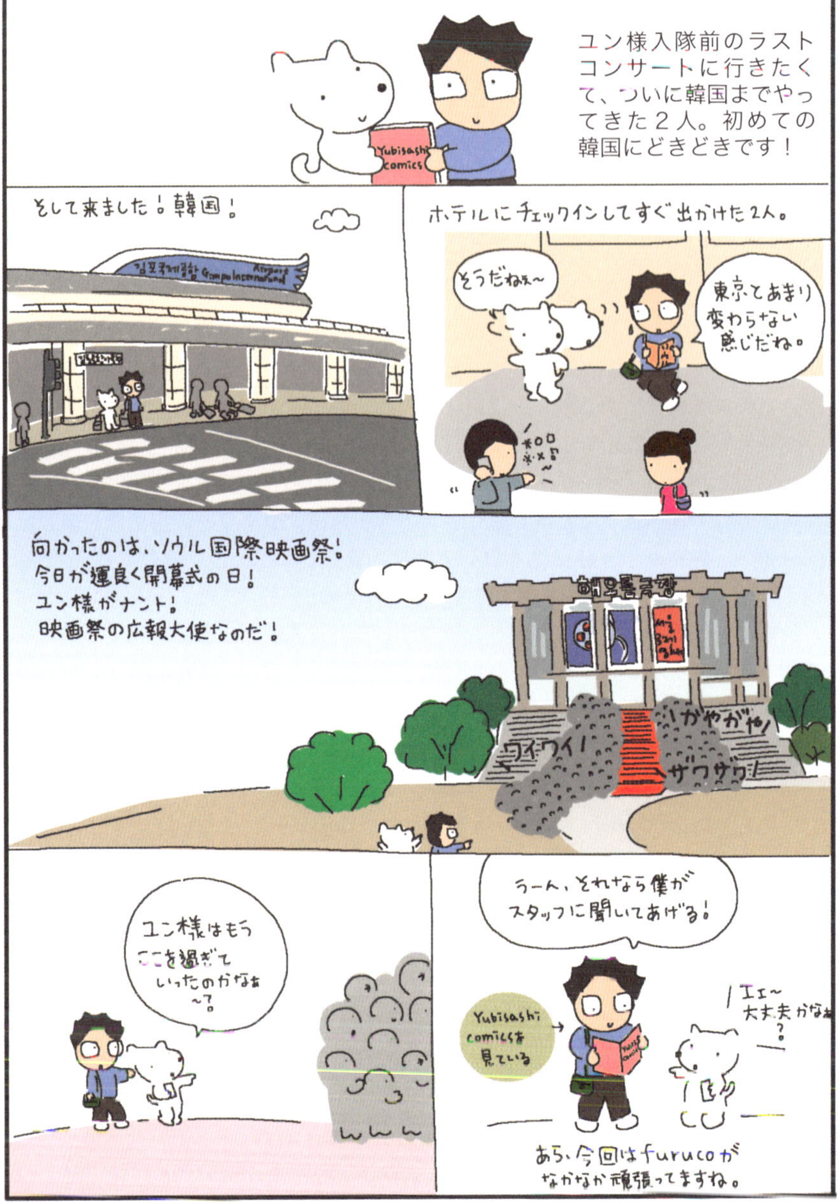

저, 저기요~!
(すみません)
네? (はい?)
윤사마는 벌써 레드카펫을 지나갔어요?
(ユン様はもうレッドカーペットを過ぎていきましたか?)
아~ 배윤준씨요..?
(あ、ペ・ユンジュンさんですね?)
通じているのかなぁ…
배윤준씨는 5분뒤에 오세요!
(ユン様は5分後に来ますよ!)
after five minutes! please wait just a minute!
5분!
(5分!)
うわぁー! 通じたよ! すごいね…!!
furuco、よく出来ました!
あー、ドキドキしたっ…!
おかげでユン様の登場を見過すことなく見れちゃった2人でした。
開幕式にも参加! ユン様の舞台挨拶まで楽しんじゃいました!
まさか、映画祭でまでユン様を見ることが出来るなんて!!
ぼくはお腹が空いたなぁ~
~グゥ~
一方…
ユン様を見れたpupuはそれだけでお腹一杯! 大満足!

pupuとfurucoのエンタメおしゃべり

イベントでのプレゼント

- … イベントの仕事をしていると、いつもすごいなぁと思うのがプレゼントの数。
- … 日本ではこういった時に、韓国人以上にプレゼントを贈るみたいね。
- … そうなんだ。韓国でアイドルのファン層の中心は、10代の女の子がほとんど。一方、日本のファンは年齢層も幅広いし、学生もアルバイトをしていて、韓国の学生たちよりも経済的に余裕がある人が多いからか、プレゼントの数が半端じゃない。
- … どんなプレゼントが多いの？
- … 昔からお花は多いけど、意外と服やファッショングッズが多いかな。韓国のスターたちは、リアルバラエティー番組によく出演するから私服姿がテレビで取り上げられることも多いんだ。そのときファンが贈ったものを着たり使ったりしていることもあるみたいで、「もしかしたら自分のプレゼントも……」って期待して贈っているみたいだよ。あとは家電製品やブランドもの。
- … す、すごいね……。
- … でも、最近特に増えているのは、お弁当とか食べ物かなぁ。韓国でも2年前くらいから流行っているんでしょ？「芸能人サポート弁当」。
- … そうなの。この「芸能人サポート弁当」というのは、忙しいK－POPアイドルたちの食生活を気づかって、ファンたちが贈るお弁当のこと。ファンの手作りではなくて、専門のお弁当業者に注文するの。韓国を代表するレストランや料理研究家などが、食材や栄養面も考慮しながら、美しいデコレーションとラッピングを施した、まるでアートのようなお弁当を作っているの。基本的には、ファンクラブや数名のファン単位で、好きな芸能人とスタッフ数名分のお弁当を贈ることが多いよ。料金は1人分5〜10万ウォン、20人分で70〜100万ウォンと普通のお弁当とは比べ物にならないくらい高価なの！
- … 実際、韓国では喜ばれているみたいだね。
- … そう！ というのも、特にアイドルたちは、分間隔でスケジュールが入れられていて、移動中の車で簡単に食事を済ませることも多いの。食堂やレストランへ行くとパニックになることもあるし、豪華なお弁当は貴重な栄養源になっているのよ。
- … 最近、日本にもその文化が入ってきているんだよね。でも！日本ではこうしたお弁当のプレゼントはあまり好まれないからご注意を。日本ではK－POPアイドル

を迎える際、イベントやコンサート会場に豪華すぎるほどのケータリングが用意されているからね。さらに衛生的な問題で、日本ではお弁当など食べ物の差し入れや贈り物は、受け取りを拒否する芸能事務所が多いんだ。

… そうなのね。そういえば皆さん、最近韓国でコンサートやミュージカルを観に行くと、会場ロビーに大きな花輪と共に、袋が山のようになっているのを見かけたことがありませんか？ この袋の中身は……そう、お米です！

… 本当にたくさん見るね。でもなぜお米なのかなあ？

… この習慣、2010年ぐらいから始まったばかりのまだ新しい習慣。韓国でも、ファンがお目当ての出演者にお花を贈るのは、恒例だったんだけど、最近「花はすぐに枯れてしまうので、もったいない」という考えもあって、花の代わりに米袋付のお花飾りを贈るという文化が定着し始めてるの。公演終了後には、もらった芸能人の名義で、恵まれない人々にお米が寄付されるというしくみ。特にミュージカルは、長丁場ということもあって、このお米の数が人気のバロメーターにもなり始めているみたいよ。

… なるほど。贈る方も、受け取る方も、ありがたい……と言うわけか。

… 最大手と言われているドリ米（ドリミ）の公式サイト（www.dreame.co.kr）には、様々なタイプの米袋付花飾りが売られているよ。例えば、お米の2段重ね（10キロ）とお花のセットで100,000ウォン。決して安くはない値段だけど、ファンにしてみれば、本人に迷惑をかけず社会貢献もできるとあって大人気。最近、ドリ米は日本語サイトも立ち上げて、日本のファンの注文にも対応できるようになったんだって。

… そんな韓国での動きを真似てなのか、日本でもお米を贈ってくるファンがいるみたい。でも、日本国内ではお米の扱いが難しくて、むしろ悩みの種になっているんだって。個人的には、寄付は寄付でした方が真の社会貢献を効率よくできるような気もするなあ……。

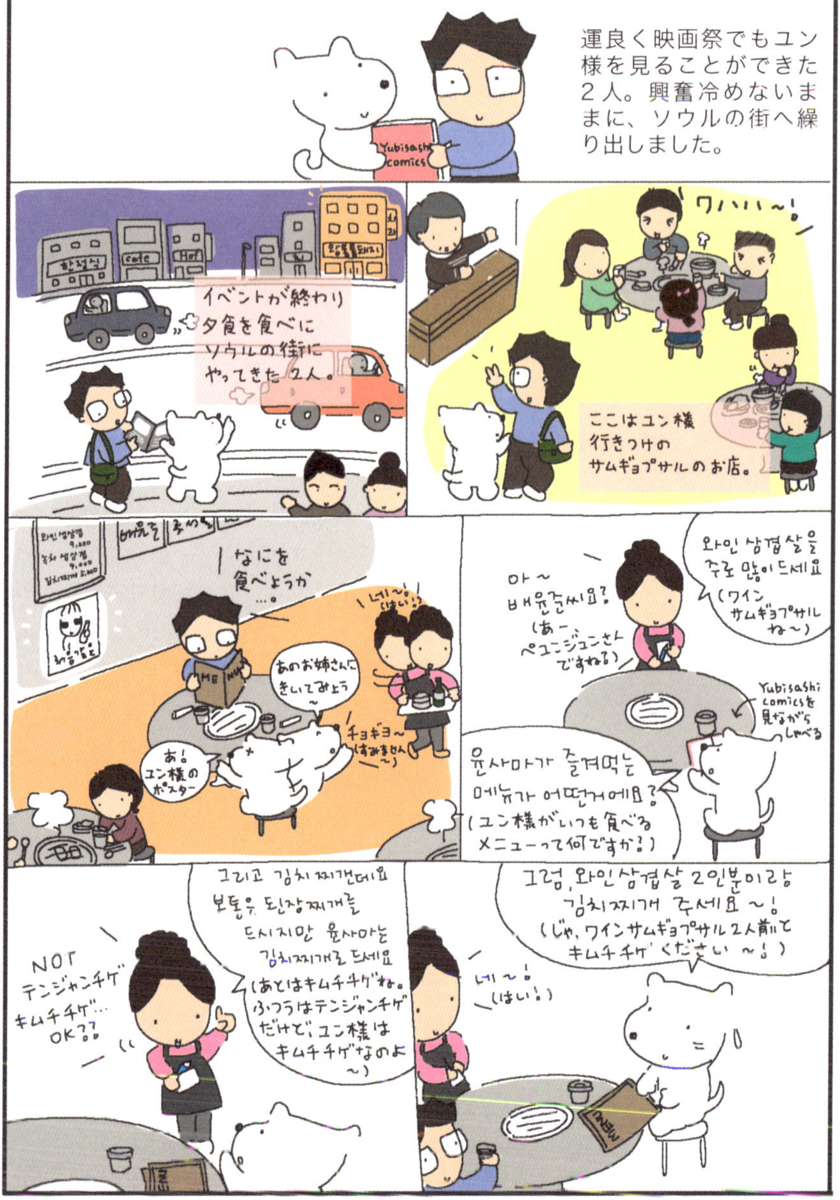

うわぁーすごいね!
肉が厚いよ!
おいしそう〜!!
ねぇ、となりの人たち
何飲んで
いるのかなぁ?
ONE SHOT
あれは…
韓国の
焼酎だと
思うよ〜
pupu…ぼ、ぼくも
飲んでみたいなぁ〜
ま、いいけど
少しならね〜
コンベェー
(乾杯〜!!)
じゃ、韓国式で…!
明日はいよいよ、ユン様入隊前の
ラストコンサート。
いい夢が見れますように…。

pupuとfurucoのエンタメおしゃべり

スター行きつけのお店

- … 日本でもあるよね、スター行きつけのお店。でも、テレビで紹介された直後に、ファンが殺到して、スター本人はほとんど行けなくなってしまう……ということが多いような気がするけど。
- … 韓国の場合はそうでもないかも……。本当に通っている人が多いみたい。
- … そうなんだ！じゃあお店に行けば、本当にスターに会えるかもしれないんだね。ファンだったら期待して、韓国に行く度に通っちゃうわけだね。あとは、副業として飲食店を経営する歌手や俳優さん、韓国でも多いよね。
- … たくさんいるね。日本でも、誰がどんなお店をやっているか、本になっているほどだもんね。もし、自分が食事しているときに、タイミング良く自分の大好きなスターが訪ねてきたら……そんなことを考えただけでワクワクしちゃうね。
- … そう、だから日本人観光客に大人気！ お店もそれを売りにして、日本からの集客を期待しているところがあるよね。
- … うんうん。スターが来たかどうかも重要だけど、韓国では、テレビ番組で取り上げられたことの方が集客により影響を与えていると思う。お店の入り口に"TVで取り上げられました！"っていう看板が大きく掲げられているところが本当にたくさんあるの。日本だと遠慮しがちに小さく、"○○○○で取り上げられました！"って書いてあるところが多いけど、韓国では大々的に宣伝しているところが本当に多い！テレビの画面をキャプチャーして、看板まで作って。"○○○テレビのモーニング△△△"なんて看板を見ると、その番組が作ったお店なの!?って思っちゃうくらい。
- … 確かに……。ソウルの街を歩いていたら、そんなお店たくさん見かけるね！ たぶん、テレビ局に許諾なんて、得ていないんだろうけど。
  でも、そんな話題のお店に出かける日本人観光客が、最近本当に増えているんだって。ネットを通じて情報がより詳しく入手できるようになったことや、個人旅行で出かける人が増えてきたことに伴って、しっかり自分でお店を探して食事する機会が増えているのかもね。そんな旅行者向けのガイドブックも増えているよね。
  かつては、観光客が行くお店なんていつも決まったところだったけど、今では地元の人が行くような小さなお店にも、普通に日本人が訪れるようになっている。
- … 嬉しいことだよね、それって！ 韓国人が普通にいつも食べている食事のおいしさ

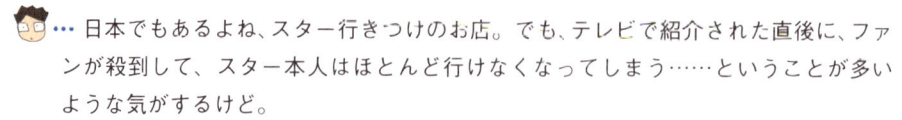

を、日本の人も味わってくれているんだもんね。

🧑 …そうだね。でも、お店や地元の人にとって、嬉しいことばかりではないみたい。そういったお店に来る日本人観光客の態度を問題視するお店も多いでしょ？

🐱 …そうなの。最近、増えているみたい……。

🧑 …要は、観光客として、配慮にかけた態度や行動が増えているんだよね。ほんの少しの配慮が足りないばかりに、お店の営業の妨げになるケースがあるんだ。

🐱 …「○○○さんは、どこに座ったの？」とか「どんなものを食べたんですか？」くらいの質問なら、お店の人も優しく話してくれると思うんだけど……。困っているのは、お昼や夕飯時の忙しいときに、注文ではなくて、ひたすら話し続けてくる日本人が結構いるみたいで……。「サービスに支障が出てしまう」と不満を漏らすお店も、残念ながら増えているみたい。

🧑 …僕が聞いたのは、写真のこと。お店の壁中に、サインや店主と一緒に撮った写真を飾っているところも多いけど、こういったものを記念にバチバチ写真を撮ったことある人、結構いるんじゃないかな？店内には、もちろん他のお客さんもいるわけで……。その場にいたお客さんから、自分にカメラを向けていると勘違いされて、怒られるケースも、最近あとを絶たないみたいだよ。

🐱 …知らない人にカメラを向けられるのって、日本人だって当然嫌なことだよね。それは韓国でも同じ。たとえ、その人にフォーカスを合わせているわけでなくても、一言断りを入れて、写真を撮って欲しいなぁ……。

🧑 …そうだね。観光客、皆さんの少しの心遣いで、こういった状況がよくなるといいな。

episode 6 韓国でのコンサート

初日からソウルを大満喫した2人。今日はいよいよコンサート！本場韓国のコンサート、予習はばっちり!?

ソウルで初めて迎える朝。

韓国でのコンサートはどんな感じなのかとても楽しみにしているpupuです。

やって来たのはソウルオリンピック競技場。

ガヤガヤ
ザワザワ
ワイワイ

おもわずグッズを買ってしまったpupu。

さっそく写真におさめます。

開演30分前。
배윤준
2012 콘서트
ザワザワ
がやがや
ザワザワ
いよいよコン様登場。
ギャ～!!
ギャ～!!
キャ～ッ!!
うるさいね～
え?なに?聞こえないよ!
うるさいねって言ってるの!
あー、韓国ではものすごく盛りあがるからね。
そうだね～
日本と比較にならないでしょ?
始めから一気に盛りあがるコンサートでしたが…突然…。
(じゃ、ここで、今日のゲストを紹介するよ!イ・ビョン・フンです～!)
자、그럼 여기서부터는
오늘의 게스트를 소개할게요。이병훈씨!
イ、イビョンフン…?
エ～!あのドラマ"美しき月々"の人気俳優、イ・ビョンフンがどうしてここで?いきなり?!

＼キャ〜！／ ＼ビョンフン〜！！／
ああ、韓国のコンサートでは ゲストがつきものなんだって。
furuco、くわしいね！！
へえ〜 知らなかった。なんだか得した気分。
時には 主役よりもビックなスターが来る時もあるんだって！
감사합니다！ 윤사마를 많이 사랑해주세요〜
이병훈씨에게 다시한번 큰 박수 부탁드립니다！
＼ビョンフンシ〜！／ ＼キャ〜！
つづいてバラードを歌うユン様。
（じゃ、ここで 皆のためにバラードでも 歌おうかな。“最後から明日まで”）
자, 여기서부턴 모두를 위해 발라드를 불러볼까요？ “최후에서 내일까지”…！
あ、この曲、生で聴きたかったんだあ〜
じゃ、ゆっくり座って聴こうか！
2人をのぞいて、皆立ったまま一緒に歌うお客たち…。
ちょ、ちょっと…。なんで皆バラードなのに一緒に歌ってるの？
ゆっくり聴きたいのに…
仕方なく一緒に歌う2人…。
（韓国ではバラードもファンが一緒になって歌うことが多いんです。）

자, 오늘의 마지막 곡!
(じゃ、今日の最後の曲!)
다 같이 달려~!!
(一緒に盛りあがろうぜ~!!)
♪ 너만을 사랑해!!
(君だけ愛すよ!!)♪
(せの!!)
윤~준~대박、
ユン~ジュン~テバッ
윤~준~짜앙!
ユン~ジュン~チャ~アン!
エ?
何これ?
合いの手、
勉強して
こなかったの?
だってこれ、
新曲じゃない
~?
もうYoutubeで
見れるんだよ
~!
なかなか
やるね!
そしてついにこの時が…!
사랑해요!
(サランヘヨ!)
ギャ~
ギャ
자, 그럼 2년후에 만나요!
(じゃ、2年後に会おうね!)
悲しんでいる
暇がなかったね
~
入隊の時に
一緒に泣こうよ
~!
100%出しきって
放心状態のpupu。
疲れた
~
韓国のコンサート、
やっぱり本国は
ノリが少し違うね!

pupuとfurucoのエンタメおしゃべり

合いの手＆アンコール

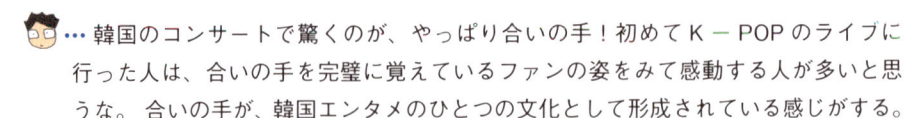

- … 韓国のコンサートで驚くのが、やっぱり合いの手！ 初めてK－POPのライブに行った人は、合いの手を完璧に覚えているファンの姿をみて感動する人が多いと思うな。合いの手が、韓国エンタメのひとつの文化として形成されている感じがする。

- … 本当に……すごいです！ 音楽番組を観ていると、イントロや間奏、アウトロで入ってくるファンたちの合いの手！ 本当にすごいでしょ？ とても巧みに考えられていて、この合いの手も人気のバロメーターのひとつといえるかも。

- … でもいつも不思議に思っていたんだけど、新曲が出て間もなく出演した音楽番組でも、ファンはパフォーマンスに合わせて、しっかり合いの手を入れているよね。この合いの手は、誰が考えているのかなぁ？

- … それはね、ズバリ！ ほぼ100％、ファンの手によって考えられているのです！

- … そうだったんだ！ そんなことって可能なの？

- … 韓国では可能なのです！ 日本の場合、CDの発売前にプロモーション活動を始めるでしょ？ 韓国の場合は、CD発売後、ダウンロード配信後から本格的なプロモーション活動が始まるの。その間を利用してファンクラブのメンバーが中心となって合いの手が考えられる……というわけ。

　新作がリリースされて初めてのテレビの音楽番組出演、いわゆるカムバックステージ前後は、ファンお手製の「合いの手用紙」が配られて、収録前に練習することもあるのよ。

- … 今ではYou Tubeを見れば、韓国のファンが作った合いの手を、韓国語がわかる日本のファンが字幕化した動画を配信してくれていたりするから便利だよね。日本のファンも、自宅でコンピュータに向かいながら、自主トレ！ できるもんね。

- … この合いの手、曲やアイドルごとに使われる単語が微妙に違っているんだけど、頻繁に使われる単語があるの。まず대박（テバク）。合いの手では"大ヒット"という意味を込めて使われることが多いの。似たような言葉で쌍（ッチャン）っていう言葉もあるけど、こちらは"最高"という意味。

　そして영원히（ヨウォニィ）、これは"永遠に"の意味で、ファンの忠誠を誓う言葉。それから컴백（コムベック）はカムバックのこと。韓国では作品間の休みが長いので、久々に活動を再開させるときにはこの言葉を使ってカムバックを喜ぶの。

> 윤~준~대박,
> ユン〜ジュン〜テバヶ
> 윤~준~짜앙!
> ユン〜ジュン〜チャーアン！

- … ほ〜なるほど〜！ pupu 先生勉強になりました！
  あともうひとつ気になっているのが、アンコール。「もう一度あの姿を見たい！！！」そんな想いを込めて、ファンの皆さんは、暗くなったステージに向かって、「アンコール！アンコール！」って叫ぶでしょう。でも、どうもしっくりこないと感じたことある人、多いんじゃないかなぁ？
- … アンコール？ どうして？
- … 日本も韓国も、アンコールを求める文化は同じなんだけど、外来語の発音の仕方に大きな違いがあるんだ。「アンコール」という言葉は、日本語では「アン・コー・ル」という３つの節に分けられて、手拍子とともに言われることが多いね。
- … 韓国語では「앵콜（エンコル）」と、２節に分けて発音するね！
- … そう。だから日本のイベントでも、日本語の「アン・コー・ル」と、韓国式「エン・コル」が混ざり合っていることがたまにあるね。日本語の「アンコール」１回の間に、韓国語の「エンコル」が約２回発声されている感じ……。何も知らないと、違和感を感じる人もいるんじゃないかな。
- … そう言われてみると、アンコールの声が揃ってないのって、少しおかしな感じがするかも。でも、単純に「エンコル、エンコル」と言い続けるパターンもあれば、スターの名前で呼ぶ場合もあるよ。
- … 確かにあるある。例えば「キム！ヒョン！ジュン！」とか……本名を呼んでアンコールを求める時もあるよね。
- … だから、その場の雰囲気に合わせて、美しいアンコールの声援を送ることができるといいね。とりあえずは「앵콜（エンコル）」を覚えることで、周囲に後れを取ることはないと思います、皆さん！
- … 言う回数を考えると、長い時間のアンコールは、韓国語の方が比較的体力を消耗するかもね（笑）。

episode 7　ユン様、入隊のとき

悲しいかな、ユン様入隊の日をついに迎えた２人。ユン様の入隊を見送る準備はできているのでしょうか……。

今日はユン様入隊の日…
pupuはご飯がのどを通らない…。

「もう済んだの～？」

そしてやって来た
すでに多くの人で
あふれている訓練所前。

特別に用意されたユン様の告別舞台。

そして、ユン様の登場…。

「ユン様～!!」　「行かないで～」

はじめて見る素顔…。ユン様は笑顔。
でもその笑顔を見ているファンの心は…。

여러분~! 오랫동안 사랑해주셔서 감사합니다…!
(皆さん、長い間応援して下さってありがとうございます。)
제가 돌아올 때까지 고무신 거꾸로 신으시면 안되요~!!
(ぼくが戻ってくるまで*ゴム靴を逆さに履いちゃダメですよ!)
ワハハ!
最後の最後までギャグのセンスも一流のユン様。
여러분、사랑합니다~!
(皆さん、愛してます!)
ギァー!
行かないで~!!
충! 성!
(忠誠!!)
そう言ってユン様ははにかんだ笑顔で去っていったのでした
あー… どうしよう!!
その時…。
もしよかったらこれ使って~!
괜찮아요?
(ケンチャナヨ?)
ん?
突然現れたトキ(ウサギ)ちゃん。
こうしてトキちゃんとの友情が生まれたのでした。
ア、アリガトウ…。

pupuとfurucoのエンタメおしゃべり

入隊について

- …韓国のエンタメ好きには、切っても切れない問題と言えば……兵役だよね。
- …韓国戦争 (1950-1953)、日本では朝鮮戦争といわれているね。もう終わったものと思っている人もいるようだけど、今も停戦状態で決して終わったわけではないの。こうした背景もあって、韓国の成人男性には、一定期間軍隊に所属して国を守る、兵役の義務が課せられているの。
- …具体的にどんな仕組みになっているの？
- …韓国の男性は、満18歳で徴兵検査対象者となって、19歳までに検査で兵役の判定を受けることになっているの。判定が1〜3級の人は現役、4級の人は補充役（公益勤務要員）、5級は第二国民役、6級は兵役免除、7級は再検査。1〜4級の人は、30歳の誕生日を迎えるまでに入隊しなくてはならないのよ。服務期間は26〜34ヶ月。級や入隊する場所や形式によって、その期間は変わってくるの。
- …こうしたシステムの中で、芸能人も当然、入隊しなくてはならないんだよね？
- …もちろん。芸能人の場合、2年間も活動できなくなってしまうと死活問題だよね。除隊後の復帰を不安視して、一時期、兵役逃れが問題になったこともあったんだよ。
  2002年に在米韓国人のアイドル歌手ユ・スンジュンが「入隊する」と言いながら、入隊直前にアメリカの市民権を得たことで、韓国社会が猛反発。今も彼は入国禁止状態で、彼の芸能活動は中国が拠点になっているほど。人気を失うのも怖いけど、入隊せずにいることも社会的な圧力となるの。
- …でも、芸能兵っていうポジションもあるんだよね。
- …そう、現役として入隊した後に、内部で募集があるんだけど、書類審査や実技テストをパスして、選ばれた人が芸能兵になれるの。誰でも申し込めるんだけど、やっぱりプロとして活動していた人が選ばれることが多いみたい。コン・ユ、キム・ジェウォン、イ・ドンゴン、チソン、イ・ジュンギといった俳優や歌手たちが芸能兵として活躍しているのは日本でも知られているよね。
- …入隊中も、芸能兵の場合、芸能活動ができるわけ？
- …純粋な芸能活動は当然できないけど、国軍のテレビやラジオ番組とかで、MCやDJなんかを務めることもあるし、文化活動の一環で、イベントで歌を披露することだってあるのよ。あとは、軍の広報活動の一環で、サイン会もあるし。だから、入

隊中でも韓国に行けば、軍のイベントを通じて、好きなスターの芸能活動を応援することは、韓国に行けばできるというわけ。最近は、韓流ブームの影響もあって、軍のイベントに日本人のファンも随分たくさん来ているよ。

… でも日本人が韓国の軍のイベントに参加している様子は、ちょっと不思議な気もするね。あとは、そうそう、よく耳にする公益勤務ってどういうことなの？

… 公益勤務っていうのは、身体的な事情などで、軍務につくことができない人が、地方自治体とか、公共団体、社会福祉施設、それから国が関わる施設や機関などで、警備とか管理、業務の補助といった仕事をすること。自宅から勤務先に通えるし、日曜日は休みだから、現役で入隊するよりは当然自由が多いの。期間は、基本的に2年間。現役の人が兵役に就く時は入隊、終える時は除隊っていうけど、公益勤務の場合には、召集、解除という言い方に変わるのよ。

… なるほど。そういうことだったのか。そういえば、たまにグループで活動している人たちが、同時に入隊することもあるけど、あれって偶然なの？

… いいところに気がつきました！ヒップホップグループのDynamic Duoが一緒に入隊したとき、日本でも話題になったかもね。

　実は、2003年から「同伴入隊服務制度」という、親しい人2人で同時に入隊して同じ配属先で除隊まで服務できるという制度が始まったの。心の拠り所である友達が一緒にいることで、精神的に辛い時も乗り越えられる、ありがたい制度だよね。

… そうだったのか。入隊って韓国人男性にとって、本当に大きなことなんだね。日本の韓流ファンの中には、単純に肉体と精神の鍛錬のために行くと思っている人もいて、ちょっとショックだったな……。

… でも、こうして韓国エンタメを通じて、今韓国が置かれている現状や歴史的背景、韓国という国のことを知ってもらえるきっかけになるといいなあ。

episode 8 トキちゃんとの出会い

ユン様の入隊イベントで、韓国のファン友達ができた2人。うれしいけど、何だかトキちゃんパワフルすぎない？

ユン様の熱狂的なファン、トキちゃん。

日本語もしゃべれるよ〜！

ソウル出身。

いつ日本に帰る〜？

う〜んと、明後日。

初対面にもかかわらず、古い友達のように気軽に話しかけるトキちゃん。

そうかぁ…

ところで明日の予定は？

う〜ん、別にまだ何も決まってないけど、ゆっくりしようかなぁーと思って…。

あ、そうだ…！今日はこれから何するの？

ユン様グッズもいっぱいあるし…

もし何もないんだったらウチに行かない？ここから近いし！

え、そんな突然他人の家になんて…！

い、いいの〜？

やめとこうよ。だって失礼じゃない！

41

pupuとfurucoのエンタメおしゃべり

ファンとの交流

- … 韓国エンタメの魅力のひとつが、ファン同士の交流。結びつきが強いよね。
- … ファンは"家族"だから！日本のファンと韓国のファンとの交流も、インターネットの普及で随分活発になっているみたいね。イベント会場で友達になって、それ以降、メールのやりとりを続けて、韓国に留学したっていう人、何人も知っているよ！
- … そうそう、それがきっかけで韓国で就職したとか、韓国人と結婚したとか……人生まで変えるきっかけを、ファンとの交流で得たっていう人が結構いるんだよね！
- … 本当にびっくりしちゃうね。ところで、これ知ってる？（風船を持つpupu）
- … そりゃ、もちろん！応援風船でしょ？
- … そう、韓国のアイドルには、それぞれ応援カラーというものがあって、イベントやコンサートのときは、その応援カラーの風船や蛍光棒で会場が一色に染まるの。
- … 最近は、パールをベースにした色が多いね。4minuteがパールパープルでしょ？それから少女時代がパールピンク。KARAがパールピーチ……韓国人はどんだけパール好きなのかと思ってしまうほど、応援カラーにはパールがつきものだね。
- … そもそも90年代後半から始まったといわれている韓国のアイドル文化。最初は当然パールなんて必要なくて、g.o.dはスカイブルー、H.O.Tは白、SHINHWAはオレンジ、KARAの先輩FIN.K.Lは赤……とわかりやすい色だったの。その後、アイドルが次々に誕生して、応援カラーがかぶることも増えてきたから大変！そこで色のかぶりを防ぐために"パール"が多用されるようになったの。色のかぶりは、ファン同士の反発や揉め事のきっかけにもなるので慎重に選ばれきたのよ。
- … ちなみにこの応援カラーって、誰が決めるの？
- … 基本的にはファンクラブで募集されて、公式の色として決められるよ。
- … ファンはその色の風船を持って応援するのが基本だったけど、最近風船がめっきり減ってしまった感じがするね。
- … ここ数年、風船からLEDバンライトになってきたよ。これも時代の流れかな。
- … 最近、SHINeeのように、日本と韓国で応援カラーが違う場合もあるよね。
- … そう。その理由として、韓国では母国のファンをどうしてもより大切にしなくてはならない雰囲気があるのよね。日本での活動に力が入るようになってくると、韓国のファンからの嫉妬対策のためにも、色を区別して、韓国のファンに安心感を与

えるという役割を果しているところが大きいの。
🧒…そうなんだ。確かに、母国のファンを蔑ろにすると……悲しむもんね。
ところで、ファン同士の会話の中で、よくわからない単語が時々出てくるんだ。
🐰…あー……暗号みたいな単語も多いかも。日本語と同じように、韓国語も若い子を中心に使われる新しい表現や略語が増えているの。例えば、골수팬(コルスペン)。
🧒…골수팬？直訳すると……ん？骨髄ファン。どういうこと!?
🐰…熱狂的なファンのこと。骨髄まで愛しているって感じかな？では、次！음중(ウムジュン)。これはわかる？
🧒…あ！わかった！T-araのメンバーでしょ？
🐰…それは……은정(ウンジョン)！これは、MBCの音楽番組"쇼！음악중심(ショウマッチュンシム／ショー！音楽の中心)"のこと。それを略して"음중(音中)"っていうのよ。じゃ、これは？사녹(サノッ)。
🧒…もう……まったくわかりません！
🐰…これは、사전녹화(サジョンノッカ)、事前収録の略称。つまり、音楽番組で事前に収録しておくパートのこと。韓国の音楽番組は基本生放送が多いんだけど、スタジオのセットの都合などで、一部放送前に録画しておくことがあるの。じゃ、これはわかるかなぁ？오전반(オジョンバン)。
🧒…直訳すると……午前班？何かの収録？
🐰…ブッブー！残念。正解は……人気ヴォーカルグループ2AMの略称でした。AM、午前でしょ？じゃ、2PMは？
🧒…まさか……午後班？오후반(オフバン)？
🐰…大正解！よくできました！Twitterやミニホームページ、SNS上には、正直日本人には難しい表現がいっぱいあるかもしれないね。
🧒…でも知っていると、韓国のファンとのコミュニケーションが楽しくなるね！

Korean entertainment column

episode 9　ロケ地巡り

トキちゃんのおかげでユン様の入隊も乗り越えられそうな2人。韓国滞在最終日、何をして過ごすのでしょう？

翌朝…。

トゥルルトゥルル♪

も、もじもじ…

私！トキちゃん！
いまホテルのロビーにいるから
早く仕度して下りてきて〜！！

いきなり〜？

ぎょ〜！？

いきなり
どうしたの〜？

今日は私が案内する
ユン様ロケ地ツアーの
はじまり！はじまり！

楽しみでしょ？
フフフ…！

おーい！
おはよう〜！

またいつの間にか連れていかれる2人。
ずいぶん強引だなぁ…
まずは…春のソナタのロケ地 中央高校…。
うわっ 本物だ!
どう~?
자네들, 어디서 왔능겨? 일본…?
ネ~
日本から来たの?ってきいてるよ~
'봄의 연가'가 궁금해서 왔능가보구먼~!
할매는 촬영할 때 옆에서 쭉 보고있었당께~
春のソナタが気になって来たんではる 私、撮影の時、ずっとみてたんだよ!って…
ホ、ホント?!
부, 분위기가 어땠어요? (ど、どんな雰囲気でした?)
응~ (そうだね…)
Yubisashi comicsを活用するpupu。
윤사마는 항상 주위사람들을 배려하는 사람이었지~!
ユン様は周りの人たちにすごく気を配る人だったよ!って…。
やっ、やっぱりそうなんだ…! ユン様…!!
ポゴシップタ…。(会いたい…。)
トキちゃんに連れてきてもらってよかったね~!
ウン!
ハイ! キムチ~!

pupuとfurucoのエンタメおしゃべり
ロケ地巡り

- … 今や韓国旅行の定番となったロケ地ツアー。
- … そういえば、韓国でも、昔日本の映画「Love Letter」が流行った時に、みんな北海道・小樽に行ったよ！
- … そうそう、僕も道産子だから「あの、『お元気ですか～！』の山はどこですか？」って尋ねられたよ。最近だと、ドラマ「IRIS」の人気で、秋田に韓国人が殺到したっていう話もあるし。面白いのが、その日本の撮影場所に日本人の韓流ファンが行くという現象まで……何だかすごいね。
- … 日本で韓国ドラマのロケ地巡りが始まったのっていつからかな？
- … 2004年、ドラマ「冬のソナタ」がブレイクした後からだね。最初にロケ地ツアーを考えた会社はすごいよ。
- … 南怡島＆春川、ドラゴンバレーは定番だよね。江原道は！
- … あの、ジュンサンとユジンが初デートをしたメタセコイヤの並木道は韓国旅行の定番コースになったからね。ただ、僕も何度も参加したからわかるけど、当時は、まだまだ観光客を受け入れる体制が整っていなかったと思う。ホスピタリティとかお世辞にも良いとは言えなかった。でも、この「冬ソナ」ブームとロケ地ツアーブームは、韓国に大変大きな外貨獲得と観光地のホスピタリティ改善に寄与したと思う。
- … ただ、民家の軒先なんかで、配慮なしに写真撮影している日本人観光客も結構多くて、冬ソナのロケ地では問題になったりもしたんだよね。
- … 最近、一部のファンによるロケ地でのマナーが大問題なっているね。ロケ地はあくまで私有地であることが多くて、渋々撮影に協力をしている建物や会社などもあるので、浮かれ気分で主人公になりきったりしていると……。
- … そう。あまりにも度が過ぎたロケ地見学は、しっかりとルールを守っている人々に、見えない危害を加えているのと同じ。ロケ地の見学の時は節度を持った態度でお願いします。
- … ついつい興奮しちゃうんだろうね。撮影場所が民家の軒先であっても、親切に「撮影の時はこうだったよ」って話してくれる地元の人もたくさんいて、僕はあまり悪い思い出はないんだ。でも、写真撮影に関しては配慮が必要だね。
- … 今もロケ地ツアーって人気なの？

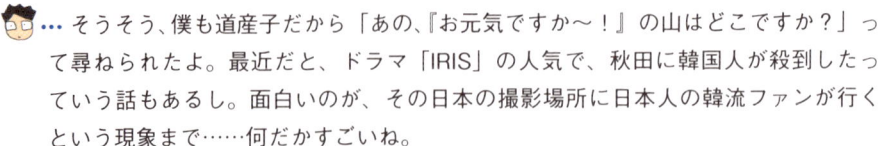

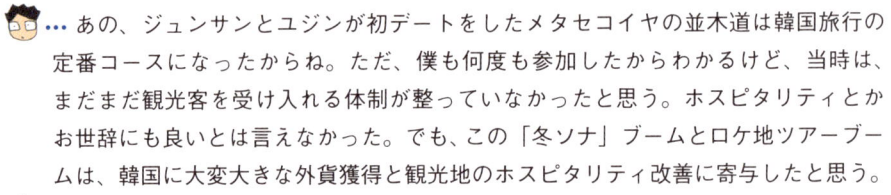

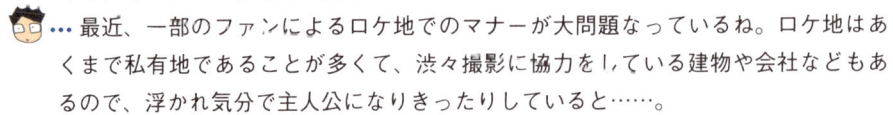

😀… もちろん！相変わらず韓流ドラマの人気はすごいから。日本ではロケ地ツアーを専門に扱っている旅行会社もたくさんあって、日本で放映されていないドラマでも、人気俳優やＫ－ＰＯＰスターが出演しているドラマであれば、たいていのツアーは存在するんだ。すごいでしょ。

🐱… みんなドラマの主人公になりたいんだね。

😀… うん。こういったロケ地ツアーはいいんだけど、撮影現場訪問のツアーは、個人的にはリスクがあってお墨付きがないもの以外は薦められないなぁ。

🐱… どうして？

😀… 韓国ドラマの撮影って、25時間体制で撮影するでしょ？おまけに変更が多いから、確約がとれていたとしても、急に撮影がなくなったとか……しょっちゅうでしょ？かつては撮影場所見学ツアーで"俳優に会える"と謳っていたのに、結局会えなくて訴訟沙汰になったこともあるぐらいだからね。だから個人的には、本当に撮影現場を見たいなら、ある種の"賭け"でツアーに参加した方がいいと思うなぁ。

🐱… そうね。確かに、すべてのツアーがそうではないけれど、所属事務所やドラマの制作会社の許可なく「ロケ地見学ツアー」を名乗って、撮影現場に押し寄せて、撮影の進行に支障をきたす旅行会社もあるの。皆さんも、申し込むときには気をつけてくださいね。

😀… それから、これもよくあることなんだけど、コンサートやイベントのノリで、写真やプラカード、横断幕みたいな応援グッズを持って撮影場所に入場することは御法度！そうしている人も多いかも知れないけど、ルール違反なんだよ。覚えておいてね。

🐱… それから、見学中のカメラ（携帯電話含む）、ビデオを使ったあらゆる撮影や録画、録音は、絶対やってはいけないことだから本当に気をつけてね！

😀🐱… ルールを守って、楽しいロケ地巡りをしましょうね。

eposode10 楽しいお買い物

トキちゃんの弾丸ロケ地ツアーに大満足な2人。あとはCDを買いたいんだけど、トキちゃん、どこで買える？

ロケ地ツアーも終わり…。

あのね、これからK-popのCDを買いに行きたいんだけど、どこに行けばいい〜？

あ、CDね？

CDなら私にまかせてちょーだい！

光化門のある大型書店。

じつはね、韓国では最近CDショップがどんどんなくなっているんだ…

ここは本屋だけでCDコーナーもあるよ！

でも意外と大きいね。

あら、サイン会もやってるね〜

あら、安いっ！！

フンフン〜♪

ルンルン

気づいたら山ほどCDを手に取っていたpupu。

え〜そんなに買うの？

そんなにたくさん買うなら
会員カード、作った方が
いいよ～！
どうやって
作れるの？
カウンターで
会員になりたいんですけど
って言えば、申込用紙を
くれるよ！
10～20％は割引になるから
絶──対お得！！
おまけも
すごいね～！
そう
でしょ？
そろそろお別れの時間…。
今回は
いろいろありがとう…！
私も
楽しかったよ！
ありがとう
～
日本に帰ったら
手紙書いてもいい？
もちろん～！
住所教えるね～！
短かったけど想い出のたくさんできた
ソウルの旅もこうして幕を閉じたのでした…。
アンニョン
～！！

pupuとfurucoのエンタメおしゃべり
韓国ならではの買い物

- …「ソウルで韓流グッズを手に入れるとしたら……」ってよく訊かれるんだけど。
- …それは"あそこ"しかないでしょ？
- …明洞！
- …新大久保みたいなところがあると思っている人が多いみたいだけど、新大久保の方が安く売っているぐらい。南大門や東大門といった市場や、街の文房具店に行くと、一部扱っているお店もあるみたいだね。
- …でも韓流グッズは、日本が一番品揃えがいいと思う（笑）。
- …じゃ、韓国で買うべき韓流関連のグッズって何があるかなぁ？
- …やっぱり CD かな？ でも、韓国ではすっかり廃盤になっている CD も、最近は新大久保に行くと扱っていたりして（笑）。本当に新大久保ってすごいよね！ でも、やっぱりリリースされたばかりの CD を手に入れるなら、韓国で買うのが一番！
- …それにしても、CD ショップ、随分減っちゃったね。
- …今だったら、書店の中にある CD ショップが多いかな？ 例えば教保文庫の HOTTRACKS とか。あとは、COEX モールの EVAN RECORDS とか。本当に限られた場所だけになっちゃったね。韓国人はネットショッピングで買う人が多いから。
- …そういったお店で買う時は、会員カードを作った方がいいよね。
- …びっくりするかもしれないけど、韓国は CD の価格は決して一定ではないの！ お店によってバラバラ。一番安いのは、会員カードを持って割引してもらうこと。昔は、韓国在住の外国人しか作ってくれなかったけど、今はお店によって、外国人の旅行者でも会員カードを作ってくれるところも増えているから、そういったお店では絶対会員になるべき！ だって 10～20％の割引が受けられるんだから！
- …空港と百貨店の CD ショップはかなり高いから、少しでも安く買いたい人は、専門店に行くべき！ 弘大（ホンデ）には、PURPLE RECORDS っていうインディーズ専門の CD ショップがあって、ここはいいよ！
- …あとは、中古 CD だと、南大門のそばにある新世界百貨店と直結している会賢（フェヒョン）地下商街には、マニアックな K－POP（というか韓国歌謡）のレコード盤や中古 CD がたくさん！ K－POP 好きにはたまらないかも。
- …こういったところで、「中古でもいいから懐かしい！」って言える幻の CD を見つ

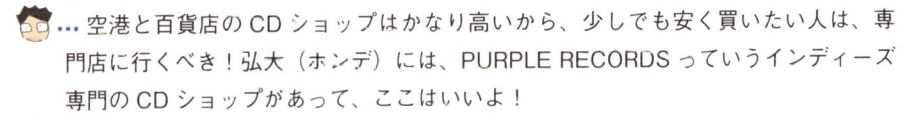

けるのは楽しいかもね！

… あとは、韓国の雑誌や、本をお土産にするといいと思うな。

… それ、賛成！

… 韓国の雑誌って付録がたくさんついてくるし、K－POPのアイドルや韓流スターのグラビアも結構載っているから、ファンにとっては嬉しいんじゃないかな？

… あとは、韓国語を勉強している人には、日本の小説やマンガの韓国語版がおすすめ！日本のオリジナルとは違うカバーデザインだったりするので、結構面白いよ。マンガは、日本のオリジナルを反転させて印刷しているんだ。日本語と韓国語の、縦書き横書き文化の違いがあるからだと思うんだけど。だからオリジナルとは違った方向を向いていたりして、間違い探しみたい。

… あとは、韓流スターやK－POPアイドルたちがCMキャラクターを務めている商品を購入するのもいいと思うな。家電だったり服だったり。キャンペーン中だと、ポスターやオリジナルグッズをくれることも多いし。ものは試し！だけど、お店に飾ってあるポスターやディスプレイを手に入れることができるかもしれないよ。

… 僕もサムスンの家電製品を購入した時、当時CMキャラクターを務めていたイ・ヒョリのポスターをもらった事があるなぁ。家電といえば、ノートブックもオススメ！

… どうして？パソコンなら日本で買った方がよくない？

… ハングルのキーボードのノートブックはさすがに売ってないよ。最近、ウルトラブックという、性能が良くて安いノートブックが韓国でも流行っていて、サムスンやLGのものは、5万円台でかなり良いデザインで性能のいいものが売っているよ！TAXリファウンドも可能だし。Mac Bookもハングルキーボードですよ！

… 本当に家電にはうるさいね……。

episode 11 ユン様に手紙を書く

楽しかった旅行の余韻に浸る2人。すてきな思い出ばかりだけど、ユン様を思い出すとやっぱり寂しい……！

そして…
日本に戻ってきたふたり。

短かったけど韓国での出来事をずっと想い出すpupu。

ユン様はあの時……だったなぁ…

トキちゃんはやさしくて…

テレビにユン様の姿が映し出されると

충!성! (忠誠!!)

あ…!!
ユ、ユン様
……

まだ、ユン様の入隊が受け入れられないpupu。

そんなに気になるんだったらユン様に手紙でも書いてみたら？

相変わらずやさしいfuruco →

そ、そうか

この Yubisashi comics を参考にしよう…。

というわけでpupuはユン様に手紙を書くことにしました。

52

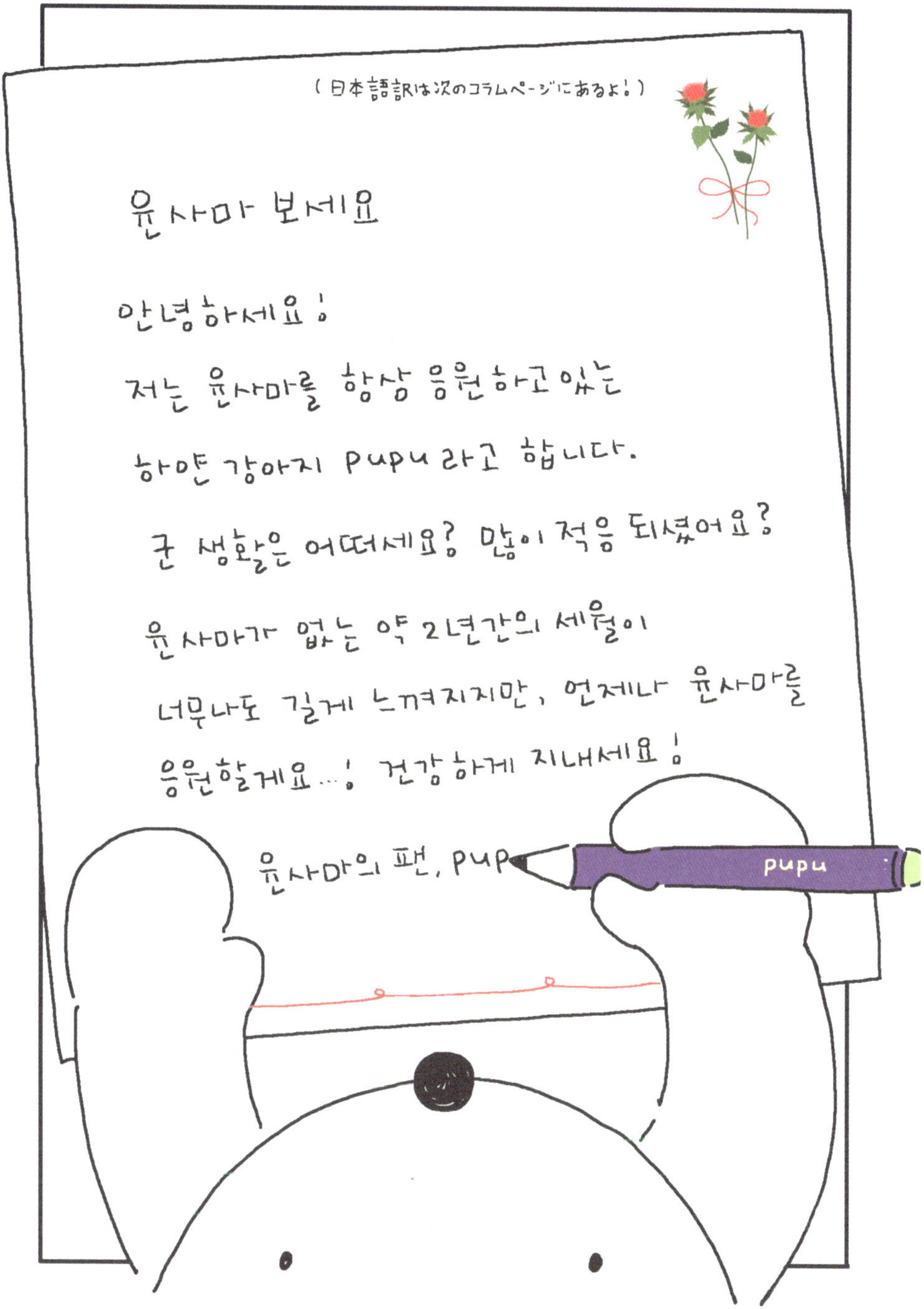

(日本語訳は次のコラムページにあるよ！)

윤사마 보세요

안녕하세요!
저는 윤사마를 항상 응원하고있는
하얀 강아지 pupu 라고 합니다.
군 생활은 어떠세요? 많이 적응 되셨어요?
윤사마가 없는 약 2년간의 세월이
너무나도 길게 느껴지지만, 언제나 윤사마를
응원할게요…! 건강하게 지내세요!

윤사마의 팬, pup

pupuとfurucoのエンタメおしゃべり

ファンレターを書こう

- …ファンレター。ファンであれば韓国語で書きたいよね。でも、これがやっぱり難しい。最近のファンは韓国語ができる人が多いから、結構上手なんだけど、あともう少しこういった表現がわかっていれば、もっと自分の気持ちが伝えられるのに……って思うこと、多いと思うんだ。
- …だから、この本でもすぐに使えるファンレター実例（p106）を用意しました。
- …僕が時間をかけて、いろいろなスターのファンに、どんなことを書きたいかをかなりリサーチして、いくつかの実例にしてみました。ネイティブらしい表現が凝縮されているから、かなり使えると思うな。
- …でも、完璧な韓国語よりも、下手でもいいから、自分の想いを一生懸命伝えようとすることが大事だと思うな。
- …僕も結婚の了解を得るために、すごく長い韓国語の手紙を、ものすごい時間をかけて手書きで書いたんだけど、それを読んでくれたお母さんから、温かい言葉をもらえて嬉しかったなぁ。
- …そう、それって一番大事なことよね！
- …例えば、前のページで、pupuがユン様に宛てた手紙も長くないし、特別なことが書いてあるわけでもないけど、細かいところで、ネイティブらしい表現があるね。
- …そうなんです。例えば「윤사마 보세요（ユンサマ　ポセヨ）」という表現。直訳すると「ユン様読んでください」という意味なんだけど、ここで出てくる「보세요」は、「読む／観る／見る」という意味ではなくて、手紙の「○○○さんへ」の"へ"にあたります。普通、手紙で「○○○さんへ」と書く時、「○○○씨（シ）／님（ニム）에게（エゲ）」となるんだけど、ファンレターの時は、ここまでかしこまって書く必要がないから「보세요」がいいと思う。
- …そうそう、こういうところがファンレターで大事なところだと思う。せっかくだから、この手紙、日本語で訳してみようか！

윤사마 보세요
(ユン様へ)

안녕하세요!
(こんにちは！)

저는 윤사마를 항상 응원하고 있는
(私はユン様を　いつも　応援している)

하얀 강아지 pupu라고 합니다.
(白い子犬　pupu といいます。)

군 생활은 어떠세요? 많이 적응 되셨어요?
(軍での生活は　いかがですか？　もう慣れましたか？)

윤사마가 없는 약 2년간의 세월이
(ユン様がいない　約2年間という歳月が)

너무나도 길게 느껴지지만, 언제나 윤사마를
(あまりにも長く　感じられますが、　いつもユン様を)

응원할게요...! 건강하게 지내세요!
(応援しています…！　お元気にお過ごしください！)

윤사마의 팬, pupu
(ユン様のファン　pupu)

・・・こんな感じかな？

・・・私はこの中の「세월（セウォル）」っていう言葉が好きだなぁ。「시간（時間）」ではなくって歳月という言葉を使うことで、２年という時間の想いが伝わってくる感じがするね。

・・・言葉の使い方ひとつで、80点のファンレターが120点になる可能性があるから、この本を活用して自分だけのファンレター作りにチャレンジしてほしいなぁ。

episode 12 トキちゃんからの手紙

時は流れ、韓国エンタメへの情熱も落ち着いてしまった2人。韓国旅行から早2年……大切なこと忘れてない?

2年後…

すっかり韓流生活から離れてしまったpupu。

新しい趣味生活はパンを焼くこと!

トキちゃんから手紙がきたよ〜!

トキちゃん?うわぁ〜、久しぶりだねぇ!元気なのかなぁ〜?

pupuちゃん!

元気だった?
私はすごく元気だよ!
ところで、もう知っているかと思うけど、とうとうユン様が来月除隊するね!
もちろん、pupuちゃんも迎えに行くでしょ?私は本当に楽しみ

エエエ、ヤバイ!
すっかり忘れてた…!

私ももちろん行くわ!ユン様の除隊式!

え?ユン様のこと、忘れたんじゃなかったの?

サ、サムギョプサル

ねぇ〜、サムギョプサルご馳走するから行こうよ。韓国!!

まぁ〜、そこまで言うなら仕方ないか

ということで、
再び韓国に行くことになった
ふたり！
2年ぶりにユン様とトキちゃんと
会えることになって心が弾むpupu。
そしてやって来た韓国、
江原道のとある部隊の前…。
ざわざわ
ガヤガヤ
ざわざわ
ガヤガヤ
すでに多くのファンたちが…。
あ、pupu～、
こっちこっち！
トキちゃ～ん！
再会した3人。
トキちゃん、
席はある？
元気
だった？
もちろん！
可愛くなったね
トキちゃん～！
心配無用！
私がもうすごくいい席を
確保しておいたから！
ここで待っていれば、
ユン様がバッチリ見えるから！
相変わらず元気いっぱいの
トキちゃん！
そして…
いよいよユン様の登場！
ユン様!!
キャ～!
キャ～!!

凛々しく男らしい姿で歩くユン様！
こんがりと日焼けした顔。
でもとても元気そうですね…。
지난 2년간 늘 한결같이 기다려주신 여러분들께 감사드립니다!
（2年間、ずっと待っていてくれた皆さんに心から感謝します…！）
ユン様、元気でいてくれてありがとう…！
うわぁ～、こんなに色黒になったユン様なんて！信じられない…!!
ずいぶんムキムキになって帰ってきたね。
앞으로도 여러분께 좋은 모습 보여드리도록 노력하겠습니다…!
（これからも皆さんにより良い姿をお見せできるように頑張ります！）
もちろんです！これからも死ぬまで応援します！
브라보!!（ブラボー!!）
ま、また韓流生活の始まりかい…。
필、승!!
（必勝!!）
こうしてユン様の第2章が始まるのでした。
そして、もちろんやって来たサムギョプサル屋さん！
乾杯～!!
건배～！
コンベェー！
こうして3人の友情も続いていくのでした…！

ENTERTAINMENT NOTEBOOK

chapter 2
韓国エンタメ指さし会話帳

大好きなスターに韓国語で想いを伝えよう！
日本でのイベントではもちろん、
韓国でも役に立つフレーズが満載！

空港での出待ち

空港にいるスターの関係者に

今日、(　　　)さんは本当に来ますか。
오늘 (　　　) 씨가 정말 오나요?
オヌル (　　　) シガ チョンマル オナヨ？

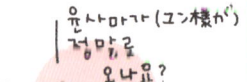

윤사마가 (ユン様が) 정말로 오나요？
(はい) 네~

いつ出て来ますか？
언제쯤 도착해요?
オンジェッチュム トチャッケヨ？

出口はここで間違いないですか？
출구는 여기가 맞아요?
チュルグヌン ヨギガ マジャヨ？

どの飛行機に乗っていますか？
어떤 비행편으로 와요?
オットン ピヘンピョヌロ ワヨ？

タクシー乗り場はどこですか。
택시 승강장이 어디에요?
テクシ スンガンジャニ オディエヨ？

待ち合いのタクシーに

あの(GMCの)バンを追いかけてください
저 (GMC) 밴을 쫓아가 주세요
チョ (GMC) ベヌル チョチャガ ジュセヨ

(オリンピック競技場)まで、行ってください
(올림픽 경기장)에 가주세요
オルリンピク キョンギジャンエ ガジュセヨ

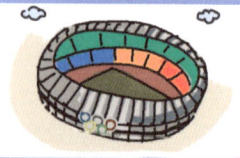

時間はどのくらいかかりますか？
시간이 얼마나 걸려요?
シガニ オルマナ コルリョヨ？

いくらくらいかかりますか。
요금이 얼마정도 에요?
ヨグミ オルマチョンド エヨ？

トランクを開けてください
트렁크좀 열어 주세요
トゥロンクジョム ヨロジュセヨ

일본에서 왔어요 (日本から来ました)
韓国語が上手だね~

韓国のOOシー運転手さんの多くは無愛想だけど韓国語で話しかけるとたいていの人はやさしく接してくれるんです。

出待ち / イベント編 / ファンとの交流 / 韓国での楽しみ / 買い物 / ファンレター

空港出待ちのマナー！

最近日本でも悪質な行為をするファンが増えたと嘆く韓流スターたち。日本の玄関口である空港でのマナーは日本の、そして日本人の印象を左右する大切なものです。

① 体に触るのはやめましょう。
無理に触れようとして、相手にケガさせるだけでなく、自分もケガすることがあります。

② 強引に写真撮影するのはやめましょう。
特に自分で撮った写真を気軽にブログにアップするのは肖像権の侵害にあたることもあります。

③ プレゼントを直接渡すことはやめましょう。
一人のプレゼントを受け取ると、他の皆のプレゼントも受け取らざるを得なくなり、周辺に迷惑をかけることも…。

④ 握手を求めるのはやめましょう。
気持ちはわかります。でも危険です！

事務所前での出待ち

事務所のスタッフに

（　　）さんは元気ですか？
（　　）씨는 잘 지내고 있어요?
（　　）シヌン チャル チネゴ イッソヨ？

日本から来ました！
일본에서 왔어요!
イルボネソ ワッソヨ。

（　　）さんは今日来てますか？
오늘（　　）씨가 오나요?
オヌル（　　）シガ オナヨ？

今、韓国にいますか？
지금 한국에 있어요?
チグム ハングゲ イッソヨ？

何時ごろ来そうですか？（何時？）
몇시쯤 와요? 몇시?
ミョッシチュム ワヨ？

何時ごろ事務所を出ますか？
몇시쯤 사무실에서 나가요?
ミョッシ チュム サムシレソ ナガヨ？

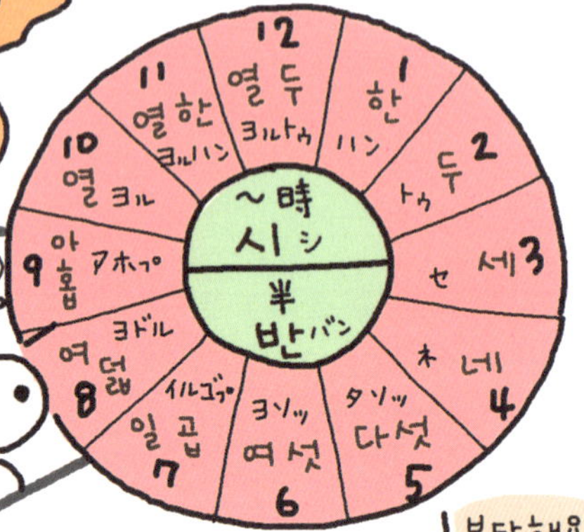

〜時 시 シ　半 반 バン

数字	ハングル	カナ
1	한	ハン
2	두	トゥ
3	세	セ
4	네	ネ
5	다섯	タソッ
6	여섯	ヨソッ
7	일곱	イルゴプ
8	여덟	ヨドル
9	아홉	アホプ
10	열	ヨル
11	열한	ヨラン
12	열두	ヨルトゥ

부탁해요〜（お願いします）プッタッケヨ〜

（このプレゼントを）渡してもらえますか。
(이 선물을) 전해주시겠어요?
(イ ソンムルル) チョネ ジュシゲッソヨ？

お菓子を　과자를　クァジャルル　カステラ 카스테라
お手紙を　편지를　ピョンジルル
お花を　꽃을　コッチュル

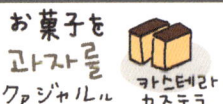

（　　）さんの次の仕事はなんですか。
（　　）씨의 다음 스케줄은 뭐에요?
（　　）シエ タウム スケジュルン モエヨ？

放送局　방송국　パンソングク　○○방송
インタビュー　인터뷰　イントビュ
ライブ　라이브　ライブ　사랑해요〜

出待ち

- イベント編
- ファンとの交流
- 韓国での楽しみ
- 買い物
- ファンレター

Pupu Entertain

本人に会ったら

手を振ってください！
손을 들어주세요!
ソン フンドゥロジュセヨ。

サインください！
싸인해주세요!
サイン ヘジュセヨ！

いつも見てます！
항상 보고있어요!
ハンサン ポゴイッソヨ！

いつも応援してます！
항상 응원하고 있어요.
ハンサン ウンウォナゴイッソヨ！
(힘내세요)

ずっとファンでした
전부터 팬이었어요
チョンブト ペニオッソヨ

これから何の仕事ですか？
지금 무슨 일 하러 가세요?
チグム ムスンイル ハロ カセヨ？

(ユン様5月スケジュール)

윤사마 5월 스케줄

5月1日 [라디오]
2日 [생방송]
3日 [일본]
4日 [중국]
5日 [태국]
6日 [녹화]
7日 [생방송]
8日 [이벤트]
9日 [시상식]
10日 [인터뷰]
16日 [라디오]
17日 [생방송]
18日 [시상식]
19日 [이벤트]
20日 [팬미팅]
21日 [녹화]
22日 [생방송]
23日 [일본]
24日 [라디오]
25日 [이벤트]
26日 [생방송]
27日 [녹화]
28日 [시상식]
29日 [라디오]

日本 일본 イルボン
中国 중국 チュングヮ
タイ 태국 テグヮ

ラジオ 라디오 ラディオ
ファンミーティング 팬미팅 ペンミティン
イベント 이벤트 イベントゥ
収録 녹화 ノッカ
表彰式 시상식 シサンシク

イベント会場での出待ち

コンサート会場にて / 警備員に

こんにちは、日本から来たファンです
안녕하세요, 일본에서 온 팬이에요
アンニョンハセヨ、イルボネソ オン ペニエヨ

(終わった後) ここから出て来ますか？
(끝나면) 여기로 나와요?
(クンナミョン) ヨギロ ナワヨ？

警備員
경비원
キョンビウォン

裏口
뒷문
トゥインムン

何時ごろ出て来ますか？
몇시쯤 나와요?
ミョッシチュム ナワヨ？

どんな車で来ましたか？
어떤 차로 왔어요?
オットン チャロ ワッソヨ？

どんな服装でしたか。
어떤 옷차림이었어요?
オットン オッチャリム イオッソヨ？

背は高かったですか。
키가 큰가요?
キガ クンガヨ？

格好良かったですか。
멋있었어요?
モシッソッソヨ？

かわいかったですか。
귀여웠어요?
クィヨウォッソヨ？

化粧室はどこですか。
화장실이 어디에요?
ファジャンシリ オディエヨ？

売店はどこですか。
매점이 어디에요?
メジョミ オディエヨ？

タクシー乗り場はどこですか。
택시 승강장이 어디에요?
テクシ スンガンジャンイ オディエヨ？

韓国を代表する映画祭に行ってみよう！

韓国にはアジアを代表する映画祭がいっぱい！スターの舞台挨拶や、突然の来場があったりで、実はスターに会える可能性の高い場所でもあるんですよ。

授賞式は、どこでありますか？
시상식은 어디서 해요?
シサンシグン、オディソヘヨ？

(　　)さんの舞台挨拶は、何時から、どこでありますか？
(　　)씨의 무대인사는 어디서, 몇시부터해요?
(　　)シエ ムデインサヌン オディソ、ミョッシブトヘヨ？

オープニングセレモニーは、参加できますか？
오프닝 세레머니는 참가할 수 있어요?
オプニンセレモニヌン チャムガハルス イッソヨ？

チケットはどこで買えますか？
티켓은 어디서 사야돼요?
ティケスン オディソ サヤデヨ？

チケットはいくらですか？
티켓이 얼마에요?
ティケシ オルマエヨ？

(　　)さんは、もうレッドカーペットを歩いて行きましたか？
(　　)씨는 벌써 레드카펫을 지나갔어요?
(　　)シヌン ポルソ レドゥカペスル チナガッソヨ？

チェゴヤ！ 최고야!!（最高！）

作品、よかったです！
작품, 너무좋았어요.
チャップム、ノム チョアッソヨ！

素敵！
멋져요！
モッチョヨ！

★韓国の代表的な映画祭

① 4〜5月、全州国際映画祭
：インディペンデント映画を中心とした映画祭。

② 7月、富川国際ファンタスティック映画祭
：SF、ホラー、ファンタスティック映画が中心。

③ 8月、堤川国際映画祭
：映画と音楽との出会いをテーマに。

④ 10月、釜山国際映画祭
：アジア最大規模。最新の韓国映画を観るならこの映画祭！

ホテルでの出待ち

ホテルスタッフに

今日（　　　）さんは本当にここに泊まりますか？
오늘（　　　）씨가 정말로 여기서 숙박하나요?
オヌル（　　　）シガ チョンマルロ ヨギソ スッパッカナヨ？

（　　　）さんは、何階（何号室）にいますか？
（　　　）씨는 몇 층（몇 호실）에서 묵고 있어요?
（　　　）シヌン ミョッチュン（ミョットシル）エソ ムッコイッソヨ？

朝ご飯は何を食べましたか？
아침 식사는 뭘 먹었어요?
アッチム シクサヌン モル モゴッソヨ？

同じものを食べたいのですが
저도 같은 메뉴로 먹고싶어요
チョド カットゥン メニュロ モッコシッポヨ

誰とチェックインしましたか？
누구랑 같이 체크인 했어요?
ヌグラン カッチ チェックイン ヘッソヨ？

マネージャーと一緒でしたか？
매니저랑 같이 있었어요?
メニジョラン カッチ イッソッソヨ？

女性（男性）と一緒でしたか？
여성（남성）이랑 같이 있었어요?
ヨソン（ナムソン）イラン カッチ イッソッソヨ？

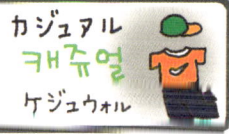

格好よかったですか？
멋있었어요?
モシッソッソヨ？

（　　　）さんが泊まった部屋を見せてもらえますか？
（　　　）씨가 묵었던 방을 보여주실 수 있나요?
（　　　）シガ ムゴットン パンウル ポヨジュシルスインナヨ？

どんな服装でしたか？
어떤 옷차림이였어요?
オットン オッチャリム イオッソヨ？

サインはもらいましたか？
싸인 받으셨어요?
サイン パドゥショッソヨ？

楽な服装
편한복장
ピョナン ボッチャン

正装
정장차림
チョンジャン チャリム

カジュアル
캐주얼
ケジュウォル

（写真を…）
サジン チョム…

本人に会ったら

写真を撮っていいですか？
사진 찍어도 괜찮아요?
サジン チゴド ケンチャナヨ？

一緒に写真を撮ってもらえますか？
같이 사진찍어주실수 있나요?
カッチ サジン チゴジュシル スインナヨ？

サインください！
싸인 해주세요!
サイン ヘジュセヨ！

どこに行くんですか？
어디에 가고 있으세요?
オディエ カゴ イッスセヨ？

ハグしてください
허그 해주세요
ホグ ヘジュセヨ

握手してください
악수 해주세요
アクス ヘジュセヨ

素敵ですね～！
넘 멋져요~!
ノム モッチョヨ～！

大ファンです！
정말 팬이에요!
チョンマル ペニエヨ！

これからも頑張ってください
앞으로도 힘내세요
アップロド ヒムネセヨ

힘내세요~!

応援しています！
응원할게요!
ウンウォン ハルケヨ！

大好きです！
정말 좋아해요!
チョンマル チョアヘヨ！

スターに想いを伝える

（　　）さん、大好きです！ （　　）씨, 정말 좋아요. （　　）シ、チョンマル チョアヨ！	（　　）さん、愛しています！ （　　）씨, 사랑해요. （　　）シ、サランヘヨ！
最高！ 최고야! チェゴヤ！	素敵。 멋져요! モッチョヨ！

| | | （　　）さん、格好いい！
（　　）씨, 멋있어요.
（　　）シ、モシッソヨ！ |

日本を楽しんでください！
일본에서 즐거운 시간 보내세요!
イルボネソ チュルゴウン シガン ポネセヨ！

次はいつ日本に来てくれますか？
다음엔 언제 일본에 오세요?
タウメン オンジェ イルボネ オセヨ？

ぜひ（　　）にも来てください
（　　）에도 꼭 와주세요
（　　）エド ッコッ ワジュセヨ

お好み焼（大阪）
오코노미야키

札幌 삿포로
大阪 오사카
名古屋 나고야
福岡 후쿠오카
仙台 센다이
東京 도쿄
那覇 나하

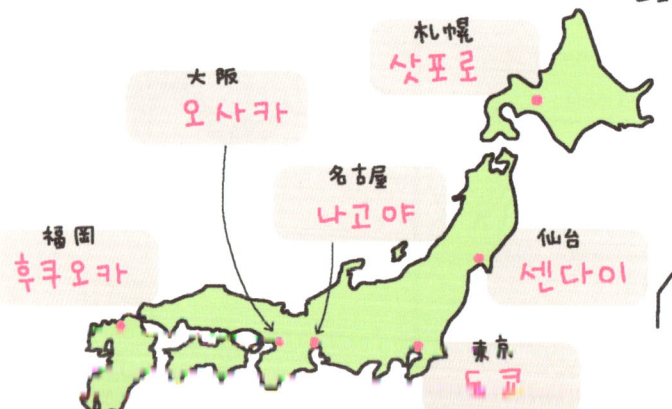

最高です！
최고예요!
チェゴエヨ!

(　　　)を観て以来（聴いて以来）ずっとファンです
(　　　)을/를* 본 이후로 팬이 되었어요
(　　　)ウル/ルル ポン イフロ ペニ トゥエオッソヨ

(　　　)での演技を観て涙が出ました
(　　　)에서의 연기를 보고 눈물이 났어요
(　　　)エソエ ヨンギルル ポゴ ヌンムリ ナッソヨ

冬のソナタ	天国の階段
겨울연가 キョウル ヨンガ	천국의 계단 チョングゲ ケダン
美しい日々	華麗なる遺産
아름다운 날들 アルムダウン ナルドゥル	화려한 유산 ファリョハン ユサン
宮 궁 クン	チャングムの誓い 대장금 テジャングム

その（腹筋）、すごいですね
그 복근, 대단하네요
ク ポックン、テダナネヨ

胸筋	腕筋	脚筋
가슴근육	팔뚝	다리근육
カスムクニュク	パルトゥク	タリクニュク

(　　　)さんの声、素敵すぎます！
(　　　)씨의 목소리, 정말 너무 멋져요.
(　　　)シエ モッソリ、チョンマル ノム モッチョヨ!

その吸い込まれそうな瞳にホレました
그 빠져들 것 같은 눈빛에 반해버렸어요
ク ッパジョドゥルゴッカットゥン ヌンピチェ パネボリョッソヨ

その(　　　)、魅力的ですね
그 (　　　)、매력적이에요
ク (　　　)、メリョッチョギエヨ

髪型	ほお	えくぼ	口びる
머리 스타일	뺨	보조개	입술
モリ スタイル	ッピャム	ポジョゲ	イプスル

＊을/를の説明：前にくる単語がパッチム終わりか/母音終わりかによって変化します

サインをもらう

（自分で持っているものを見せながら）サイン いただけますか？
싸인 해주세요
サイン ヘジュセヨ

（Tシャツを着た状態で）背中にサインしてください
등에 싸인 해주세요
トゥンエ サイン ヘジュセヨ

私の名前も入れてください！
제 이름도 넣어주세요!
ジェ イルムド ノオジュセヨ！

私の名前は（　　）です。
제 이름은 (　　) 입니다
ジェ イルムン（　　）イムニダ

（　　）さんへと（ハングルで）書いてください
（　　）**씨에게 라고 (한글로) 써주세요**
（　　）シエゲ ラゴ（ハングルロ）ッソ ジュセヨ

好きな言葉を	日本語で	書いてください
좋아하는 말을 チョアハヌン マルル	**일본어로** イルボノロ	**써주세요** ッソ ジュセヨ
何でもいいので **아무거나** アムゴナ	ハングルで **한글로** ハングルロ	**그려주세요** グリョジュセヨ
あじさい さらむ…笑 そら	絵を **그림을** グリムル	

申し訳ありませんが友達の分も書いてください
죄송하지만 친구것도 부탁드려요
チェソンハジマン チングッコット プッタクトゥリョヨ

ボールペンでもいいですか。
볼펜으로도 괜찮아요?
ボルペヌロド ケンチャナヨ？

これ プレゼントです
이거 선물이에요
イゴ ソンムリエヨ

ここに サインしてください
여기에 싸인해주세요
ヨギエ　サインヘジュセヨ

ファンミーティング

出待ち

イベント編 ♪

ファンとの交流 ♡

韓国での楽しみ

買い物

ファンレター

Youn Jun 1st Fan meeting

通訳
통역
トニョク

司会者
사회자
サフェジャ

韓国語で伝えるチャンス！

あなたに会えてうれしいです
만나서 너무 기뻐요
マンナソ ノム キッポヨ

ずっとファンでした
전부터 팬이었어요
チョンブト ペニオッソヨ

演技、うまいですね！
연기, 너무 잘 하세요!
ヨンギ、ノム チャルハセヨ！

色白ですね
우윳빛 피부세요
ウユッピッ ピブセヨ

（　　）さんの笑顔が大好きです！
（　　）씨의 웃는 모습이 너무 좋아요!
（　　）シエ ウンヌンモスビ ノム チョアヨ！

ツイッター、呟いてください！
트위터에 글 올려주세요!
トゥイトエ クルオルリョジュセヨ！

ブログ見てます！
블로그 보고있어요!
ブルログ ポゴイッソヨ！

番組、見てます
（聴いてます）
방송 보고있어요
（듣고있어요）
バンソン ポゴイッソヨ
（トゥッコイッソヨ）

72

質問タイム！

質問受け付けます

詞はどういうときに書くのですか？	かぜ引いていませんか？
가사는 어떤 때 쓰세요?	감기 걸리진 않으셨어요?
カサヌン オットンテ スセヨ?	カムギ コルリジン アヌショッソヨ?
演技は大変ですか？	体調大丈夫ですか？
연기가 힘들진 않으세요?	몸 상태는 괜찮으세요?
ヨンギガ ヒムドゥルジン アヌセヨ?	モム サンテヌン クェンチャヌセヨ?
台本を覚えるのは大変ですか？	ごはん食べてますか？
대본을 외우는건 어렵지 않나요?	식사는 잘 하고 계세요?
デボヌル ウェウヌンゴン オリョプチ アンナヨ?	シクサヌン チャルハゴ ケセヨ?
次はどんな役を演じてみたい？	好きな人いますか？
다음에 연기해보고 싶은 역은?	좋아하는 사람 있어요?
タウメ ヨンギヘボゴ シップン ヨグン?	チョアハヌン サラム イッソヨ?
休日は何をしていますか？	理想の女性(男性)のタイプは？
휴일엔 무얼 하세요?	이상적인 여성(남성) 타입은?
ヒュイレン ムオル ハセヨ?	イサンチョギン ヨソン(ナムソン) タイブン?

운동이요

運動です

ダイエット方法は？
다이어트 방법은?
ダイオトゥ バンボブン?

ありがとうございました	応援しています。
감사 합니다	항상 응원할게요!
カムサ ハムニダ	ハンサン ウンウォナルケヨ!

힘내요

ファンミでお願い

| 出待ち | イベント編 | ファンとの交流 | 韓国での楽しみ | 買い物 | ファンレター |

スターにお願い！

一緒に写真を撮ってください
같이 사진 찍어주세요
カッチ サジン チゴジュセヨ

HUGしてください！
허그 해주세요！
ホグ ヘジュセヨ。

腕を組んでもいいですか？
팔짱 껴도 괜찮아요？
パルチャン キョド クェンチャナヨ？

愛してるって言って♡
사랑한다고 말해주세요♡
サランハンダゴ マルヘジュセヨ♡

여러분！ 사랑합니다~

皆さん〜一緒に、ハナ、トゥル、セッ
キムチ〜！

韓国では日本の「ハイ、チーズ」にあたる言葉として「ハナ、トゥル、セッ」（1、2、3）「キムチ！」といって写真を撮ります。

찰칵！
キムチ〜！
うらやましい〜！！
高値れて〜

夢を見ているようです
마치 꿈만 같아요
マチ クムマン カッタヨ

心臓がどきどきです
두근두근
심장이 두근두근 해요
シムジャンイ ドゥグンドゥグンヘヨ

サインしてください
싸인 해주세요 サイン ヘジュセヨ

~も 書いてください。	好きな言葉	名前
~도 써주세요!	좋아하는 말	이름
~ド ソジュセヨ!	チョアハヌン マル	イルム
~も 描いてください。	ハートマーク	絵
~도 그려주세요!	하트모양	그림
~ド クリョジュセヨ!	ハットゥモヤン	クリム

日本語で書いてください	何でもよいので
일본어로 써주세요	아무거나 괜찮으니까
イルボノロ ソジュセヨ	アムゴナ ケンチャヌニカ

受験生なので	応援のメッセージもお願いします
수험생이니까	응원의 메세지를 부탁드려요
スホムセン イニカ	ウンウォネ メセジルル プッタク トゥリョヨ
辛いことがいっぱいあったので	
힘든 일이 너무 많았으니까	
ヒムドゥン イリ ノム マナッスニカ	

「다음분!(タウムブン!) 次の方、どうぞ。」
「楽しみ」「早く~!」

気持ちです！
저의 마음을 담았어요!
チョエ マウムル タマッソヨ!

日本に早くまた来てください	待っています
일본에 빨리 다시 와주세요	기다릴게요
イルボネ パルリ タシ ワジュセヨ	キダリルケヨ

コンサートで叫ぼう！

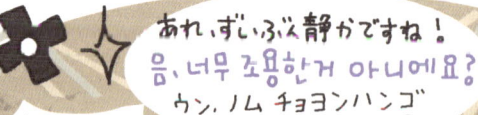

あれ、ずいぶん静かですね！
음, 너무 조용한거 아니에요?
ウン、ノム チョヨンハンゴ アニエヨ？

皆さん、盛り上がりましょう～！
여러분, 같이 달려요~!
ヨロブン、カッチ タルリョヨ！

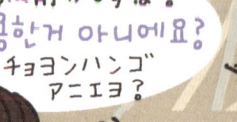

もしかして寝てますか？
혹시 자고있는거 아니죠?
ホクシ チャゴインヌンゴ アニジョ？

（　）、愛してる！ （　）、사랑해요！ （　）、サランヘヨ！	すごい！ 대단하다！ テダナダ！
こっち来て！ 이쪽으로！ イッチョグロ！	こっち見て！ 여기 여기！ ヨギ ヨギ！
大好き！ 너무 좋아요！ ノム チョアヨ！	格好いい！ 멋있어요！ モシッソヨ！
キレイ！ 예쁘다！ イェップダ！	かわいい！ 귀엽다！ クィヨッタ！

韓国のファンに尋ねる

合いの手を教えてください
응원법을 가르쳐주세요
ウンウォンポブル カルチョジュセヨ

사랑해!

誰のファンですか
누구의 팬이에요?
ヌグエ ペニエヨ？

握手して！
악수해주세요.
アクスヘジュセヨ．

까아~！

頑張って！
힘내세요.
ヒムネセヨ．

까아!!!

ピースして！
브이해주세요.
ブイヘジュセヨ．

까~

死ぬほど格好いい！
죽도록 멋있어요.
チュットロクモシッソヨ．

이쪽！

いい歌ですね！
좋은 노래네요.
チョウンノレネヨ．

いい歌、ありがとう！
좋은노래, 고마워요.
チョウンノレ、コマウォヨ．

（この世に）生まれてくれてありがとう．
(이 세상에) 태어나주어서 고마워요.
（イセサンエ）テオナジュオソコマウォヨ．

アンコール！
앵콜.
エンコル

앵콜?

最高！
최고.
チェゴ．

ありがとう！
고마워요.
コマウォヨ．

死んでもいい！
죽어도 좋아.
チュゴドチョア．

死にそう！
죽을 것 같아.
チュグルコッカッタ．

倒れそう！
쓰러질것 같아.
スロジルコッカッタ．

気を失いそう！
기절할것 같아.
キジョラルコッカッタ．

ミュージカルを楽しむ

(劇場に)お花を贈りたいのですが、どうすればいいですか？
(극장에) 꽃을 보내고 싶은데 어떻게 해야 돼요?
(クッチャンエ) コッチュル ポネゴ シップンデ オットッケ ヘヤデヨ?

( )さんあてに、お米を贈りたいのですが、予算はいくらくらいかかりますか？
( )씨 앞으로 쌀 화환을 보내고 싶은데 예산이 어느정도 들어요?
( )シ アップロ ッサル ファハヌル ポネゴ シップンデ イェサニ オヌチョンド トゥロヨ?

( )さんあてに、バルーン(風船)を贈りたいのですが、どういったデザインがありますか？
( )씨 앞으로 풍선을 보내고 싶은데, 어떤 디자인이 있어요?
( )シ アップロ プンソヌル ポネゴ シップンデ、オットン ディジャイニ イッソヨ?

(劇場)まで、どのように行けばいいですか？
(극장)까지 어떻게 가면 돼요?
(クッチャン)カジ オットッケ カミョン デヨ?

花輪
화환
ファハン

※花輪
쌀 화환
ッサル ファハン

※韓国では花輪の代わりに米俵をプレゼントすることが増えています。

チケットは2人でいくらですか？
티켓이 두명에 얼마예요?
ティケシ トゥミョンエ オルマエヨ?

全席自由席ですか？それとも指定席ですか？
전석 자유석이에요? 아니면 지정석이에요?
チョンソック チャユソギエヨ? アニミョン チジョンソギエヨ?

今日の(作品名)のチケットって、どこで安く手に入りますか？
오늘의 (   ) 티켓은 어디가면 싸게 살수 있어요?
オヌレ (   ) ティケスン オディカミョン ッサゲ サルス イッソヨ？

千秋楽(最終公演)のチケットは、まだ残っていますか？
마지막 공연 티켓이 아직 남아있나요？
マジマック コンヨン ティケシ アジック ナマインナヨ？

今、おすすめのミュージカル(舞台)はなんですか？
요즘 추천할만한 뮤지컬(공연)이 뭐에요？
ヨジュム チュチョンハルマナン ミュジコル(コンヨン)イ モエヨ？

＊ソウル演劇センター
(地下鉄4号線「恵化」駅 4番出口)

最大50％割引でチケットを買えるなどいろんな情報が手に入ります。

楽屋(控室)に挨拶できますか？
대기실에 인사하러 가도 되나요？
テギシレ インサハロ カド デナヨ？

写真撮影は自由ですか？
사진 촬영은 자유인가요？
サジン チャリョンウン チャユインガヨ？

今日の公演にはアフタートークはありますか？
오늘 공연에는 애프터 토크가 있나요？
オヌル コンヨネヌン エップトゥ トクガ インナヨ？

終演後にお花を渡してもいいですか？
공연후에 꽃을 전해줘도 괜찮아요？
コンヨン フエ コッチュル チョネジョド ケンチャナヨ？

あの新人の俳優さんは、どんな作品に出ているのですか？
저 신인배우는 어떤 작품에 출연중이에요？
チョ シニンペウヌン オットン チャップメ チュリョン チュンイエヨ？

イベントでのトラブル

この席って、どこですか？	少し前に行ってもらえませんか。
이 자리가 어디에요?	조금만 앞으로 가주세요!
イ チャリガ オディエヨ？	チョグムマン アプロ カジュセヨ！

あの、すみません。ここ、私の席なんですけど…	あの、後ろから押さないで下さい！
죄송하지만 여기 제 자린데요	저기요, 뒤에서 밀지 말아주세요!
チェソンハジマン ヨギ チェ チャリンデヨ	チョギヨ、トゥイエソ ミルジ マラジュセヨ。

椅子の上に上がらないでください
의자 위로 올라가지 마세요
ウィジャ ウィロ オルラガジ マセヨ

飛び上がらないでください！見えないんです！
뛰지 말아주세요! 안보여요
トゥィジ マラジュセヨ。 アンボヨヨ

痛いです！
아파요！
アッパヨ！

足、踏まないでください！
다리 밟지 말아주세요！
タリ パルチ マラジュセヨ

応援プレート下げてください
플랜카드 밑으로 좀 내려주세요
プルレンカドゥ ミットゥロ チョム ネリョジュセヨ

撮影禁止
촬영금지
チャリョングムジ

一人分しかチケットをもらっていません
티켓 한장밖에 안받았는데요?
ティケッ、ハンジャンバッケ アンバダンヌンデヨ?

金額が間違っていると思うんですが…
금액이 조금 틀린것 같은데요…
クメギ チョグム トゥルリンゴッ カットゥンデヨ…

いくらですか?
얼마에요?
オルマエヨ?

あの、おつりもらっていないんですが?
저기, 잔돈 안주셨는데요?
チョギ、チャンドン アンジュショッスンデヨ?

トイレでのトラブル

女子トイレ	男子トイレ	トイレはどこですか?
여자 화장실 ヨジャ ファジャンシル	**남자 화장실** ナムジャ ファジャンシル	**화장실이 어디에요?** ファジャンシリ オディエヨ?

トイレットペーパーがないのですが…
화장실 휴지가 없는데요…
ファジャンシル ヒュジガ オムヌンデヨ…

トイレが詰まっているのですが…
변기통이 막혀있는데요…
ピョンギットンイ マッキョインヌンデヨ…

韓国では日本のようにトイレットペーパーを同じ方向にはめる習慣がなく、そして、用をたした後に、ふたを閉める習慣もありません。ふたを閉めると逆に中に汚いものが入っているくらいと思われることもあります。

入隊・除隊

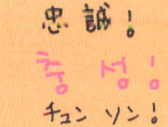

忠誠！
충성！
チュン ソン！

ダメー！！
안 돼~！！
アンデ~！！

いかないで~！
가지마~！
カジマ~！

入隊のとき…

いつまでも待ってます！ 계속 기다릴게요！ ケソク キダリルケヨ！	悲しいけど、頑張ってください！ 슬프지만 힘내세요！ スルプジマン ヒムネセヨ！
早く戻ってきてください！ 다시 빨리 돌아오세요！ タシ ッパルリ トラオセヨ！	体に気をつけて！ 몸 조심하세요！ モム チョシムハセヨ！
いってらっしゃい 잘 다녀오세요！ チャル タニョオセヨ！	手紙書きます！ 편지 할게요！ ピョンジ ハルケヨ！

いつまでも私たちのことを覚えていてください！
언제까지나 우릴 잊지 말아주세요！
オシジェッカジナ ウリル イッチ マラジュセヨ！

服務中、曲を聴いて待ってます！
입대해있는 동안, 노래 들으면서 기다릴게요！
イプテヘインヌン トンアン、ノレ トゥルミョンソ キダリルケヨ！

みんなで待っているので、安心してください！
다 같이 기다리고 있을테니까 안심하세요！
タ ガッチ キダリゴ イッスルテニカ アンシムハセヨ！

必勝!!
필승!!
ピルッスン!!

2年間待っていてくれてありがとうございます!
2년간 기다려주셔서 감사합니다!
イニョンガン キダリョジュショソ カムサハムニダ!

除隊おめでとー!
제대 축하해요~!
チェデ チュッカヘヨ!

除隊のとき。

おかえりなさい!
어서 오세요!
オソ オセヨ。

待ってました!
기다리고 있었어요!
キダリゴ イッソッソヨ!

こっち向いて~!
여기 여기 ~!
ヨギ ヨギ ~!

会いたかったです。
보고 싶었어요!
ポゴ シプポッソヨ。

今一番やりたいことは何ですか。
지금 제일 하고싶은게 뭐에요?
チグム チェイル ハゴシプンゲ モエヨ?

入隊前と変わったことはありますか。
입대 전이랑 달라진 점이 있어요?
イプテ チョニラン タルラジン チョミ イッソヨ?

カムバック待ってきます。
컴백, 기다리고 있을게요!
コムベッ, キダリゴ イッスルケヨ。

튼튼해졌다
トゥントゥンヘジョッタ
(丈夫になった)

ファンと仲良くなる

お名前は？	何歳ですか？	日本語は話せますか？
이름이 뭐에요?	몇살이세요?	일본어 할수있어요?
イルミ モエヨ?	ミョッサリセヨ?	イルボノ ハルスイッソヨ?

誰のファンですか？
누구의 팬이에요?
ヌグエ ペニエヨ?

わ〜、私も！（　）が好きです！
와〜, 나도！（　）*(이)가 좋아요！
ワ〜, ナド！（　）(イ)ガ チョアヨ！

いつからファンですか？
언제부터 팬이었어요?
オンジェブット ペニオッソヨ?

自分だけのグッズを持っていますか？
혹시 자신만의 굿즈가 있나요?
ホッシ チャシンマネ グッツガ インナヨ?

どの（　）が一番好きですか？
어떤（　）가 제일 좋아요?
オットン（　）ガ チェイル チョアヨ?

MV	曲
뮤직비디오	노래
ミュジックビディオ	ノレ
ドラマ	映画
드라마	영화
ドゥラマ	ヨンファ

(番組名)は見ましたか？
（　）은(는) 봤어요?
（　）ウン(ヌン) バッソヨ?

歌番組	バラエティ番組	ドキュメンタリー
음악방송	버라이어티	다큐멘터리
ウマクパンソン	ボライオッティ	ダキュメントリ

おもしろかったです	何度も見ました
재미있었어요	몇번이나 봤어요
チェミ イッソッソヨ	ミョッポニナ バッソヨ

パフォーマンスが最高でした	感動しました	爆笑しました
퍼포먼스가 최고에요	감동했어요	폭소했어요
ポッポモンスガ チェゴエヨ	カムドン ヘッソヨ	ポクソ ヘッソヨ

*(이)가の説明：前にくる単語が母音終わりか子音終わりかによって変化します

どんなところが好きですか？
어떤 점이 좋아요?
オットンジョミ チョアヨ?

( )が好きです。
( )이 좋아요!
( )イ チョアヨ!

メンバー同士仲よし 멤버들끼리 사이가 좋은 점 メムボドゥルキリ サイガ チョウン ジョム	おもしろいところ 재미있는 점 チェミインヌン ジョム	かわいいところ 귀여운 점 クィヨウン ジョム
やさしいところ 자상한 점 チャサンハン ジョム	クールなところ 쿨한 점 クルハン ジョム	格好イイところ 멋있는 점 モシンヌン ジョム
情熱的なところ 정열적인 점 チョンヨルチョギン ジョム	カリスマ性 카리스마 성 カリスマ ソン	愛嬌があるところ 애교가 있는 점 エギョガ インヌン ジョム
踊っている姿 춤추는 모습 チュムチュヌン モスプ	歌っている姿 노래하는 모습 ノレハヌン モスプ	演技をしている姿 연기하는 모습 ヨンギハヌン モスプ
顔 얼굴 オルグル	スタイル 스타일 スタイル	ファッション 패션 ペッション	笑顔 웃는 얼굴 ウンヌン オルグル

憧れています 동경하고 있어요 トンギョンハゴ イッソヨ	何をしてもかっこいい！ 무얼 해도 멋져요! ムオルヘド モッチョヨ!	( )に夢中です ( )에 빠졌어요 ( )エ ッパジョッソヨ

気になる情報について尋ねる

情報を入手する！

~知っていますか？
~ 알고 있어요?
~ アルゴ イッソヨ？

どうやって情報を得ているのですか？
어떻게 정보를 얻고 있어요?
オトッケ チョンボルル オッコ イッソヨ？

知っていたら教えて欲しいのですが
알고있다면 가르쳐 줄래요?
アルゴイッタミョン カルッチョジュルレヨ？

今日のスケジュールについて
오늘의 스케줄에 대해
オヌレ スケジュレ デヘ

新しい情報
새로운 정보
セロウン チョンボ

よく行くお店
자주 가는 가게
チャジュ カヌン カゲ

家族が経営しているお店
가족이 경영하고 있는 가게
カジョギ キョンヨンハゴ インヌン カゲ

これから人気がでそうなアイドル
앞으로 인기가 생길것 같은 아이돌
アプロ インキガ センギルコッ カットゥン アイドル

実際に会ったことありますか？
실제로 만난 적 있어요?
シルチェロ マンナン チョク イッソヨ？

何をプレゼントすると喜ぶと思いますか？
무얼 선물하면 기뻐할 것 같아요?
ムオル ソンムラミョン キッポハル コッ カッタヨ？

心配なうわさ…

（　）さんと付き合っているって本当ですか？
（　）씨랑 사귄다는 말, 정말이에요?
（　）シラン サグィンダヌン マル、チョンマリエヨ？

契約問題、大丈夫ですかね？
계약 문제, 괜찮을까요?
ケヤンムンジェ、ケンチャヌルカヨ？

解散の可能性はありますか？
해체 할 가능성이 있어요?
ヘチェ ハル カヌンソンイ イッソヨ？

ネットでいろいろ言われてかわいそうです
인터넷 소문때문에 안쓰러워요
イントネッ ソムンテムネ アンッスロウォヨ

もうすぐ入隊ですが？
이제 곧 입대하나요?
イジェ ゴッ イプテハナヨ？

とても心配しています
엄청 걱정하고 있어요
オムチョン コクチョンハゴ イッソヨ

考えると悲しくて涙が出そうです…
생각하면 슬퍼서 눈물이 날것 같아요
センガカミョン スルポソ ヌンムリ ナルコッ カッタヨ

連絡先を交換する

よかったら、情報交換しませんか。
혹시 괜찮다면, 정보교환하지 않을래요?
ホゥシ ケンチャンタミョン、チョンボギョファンハジ アヌルレヨ？

一緒に写真撮りませんか？
같이 사진 찍을래요?
カッチ サジン チグルレヨ？

携帯番号(メールアドレス)を教えてください！
핸드폰번호(메일주소) 가르쳐주세요!
ヘンドゥポン ボンホ(メイルチュソ) カルッチョジュセヨ！

ファン友達になる

あなたと出会えて本当に良かったです
만나서 정말 다행이에요
マンナソ チョンマル タヘンイエヨ

この出会いを大切にしたいです
이 만남을 소중히 하고 싶어요
イ マンナムル ソジュンイ ハゴシッポヨ

これからも一緒に応援していきましょうね！
앞으로도 같이 응원 해요!
アップロド カッチ ウンウォンヘヨ！

仲良くしてくださいね
친하게 지내주세요
チンハゲ チネジュセヨ

一緒にお花を贈りませんか？
꽃 같이 보내지 않을래요?
ッコッ、カッチ ポネジ アヌルレヨ？

日本に来たら、案内しますから、連絡ください
일본에 오면, 안내 할테니까 연락주세요
イルボネ オミョン、アンネ ハルテニッカ ヨンラッチュセヨ

080-xxxx-xxxx

スター行きつけのお店にて

注文はお決まりですか？
주문 하시겠어요?
チュムン ハシゲッソヨ？

持ち帰りできますか？
음식 포장 되나요？
ウムシク ポジャン デナヨ？

～ください。
～ 주세요
～ ジュセヨ

すみません～！
여기요~!
ヨギョ～！

残りもの、持ち帰りできますか？
남은음식, 싸주실수 있어요?
ナムン ウムシク ッサジュシル ス イッソヨ？

メニュー 메뉴 メニュ	お水 물 ムル	おはし 젓가락 チョッカラク	スプーン 숟가락 スッカラク
お皿 접시 チョプシ	うつわ 그릇 クルッ	コップ 컵 コプ	灰皿 재떨이 チェットリ

1人分 1인분 イリンブン
2人分 2인분 イインブン
3人分 3인분 サミンブン
4人分 4인분 サインブン

(　)さんはいつも何を注文されますか？
(　)씨는 무얼 항상 주문하세요?
(　)シヌン ムオル ハンサン チュムンハセヨ？

삼겹살
サムギョプサル

好きなメニューは何ですか？
좋아하는 메뉴가 뭐에요?
チョアハヌン メニュガ モエヨ？

된장찌개
テンジャンチゲ
（みそチゲ）

最初は何を飲まれますか？
첫 잔으로 무슨 술을 드세요?
チョッチャヌロ ムスン スルル トゥセヨ？

참이슬 소주
ソジュ
（焼酎）

同じのをください！
똑같은걸로 주세요!
トッカットンゴルロ ジュセヨ！

どんな料理ですか？
어떤 음식이에요?
オットン ウムシギエヨ？

牛肉	豚肉	鶏肉	魚介類
소고기 ソゴギ	돼지고기 テジゴギ	닭고기 タッコギ	해산물 ヘサンムル

揚げ物	焼き	炒めたもの
튀김 ティギム / 감자튀김 カムジャティギム（フライドポテト）	구이 グイ / 조개구이 チョゲグイ（貝焼き）	볶음 ボックム / 볶음밥 ボックムパプ（チャーハン）
めん	チゲ	汁もの
면 ミョン / 냉면 ネンミョン（冷麺）	찌개 ッチゲ / 순두부찌개 スンドゥブチゲ	국 クッ / 떡만두국 トックマンドゥクック
煮込み	あまり辛くしないでください！ 너무 맵지 않게 해주세요! ノム メッチ アンケ ヘジュセヨ。	
찜 ッチム / 갈비찜 カルビッチム（煮込みカルビ）		

辛い	塩辛い	甘い	さっぱり
맵다 メッタ	짜다 ッチャダ	달다 タルダ	개운하다 ケウンハダ
すっぱい	香ばしい	まろやか	油っこい
시다 シダ	구수하다 グスハダ	순하다 スンハダ	느끼하다 ヌキハダ

店員さんに尋ねる

おいしそう！
맛있겠다！
マシッケッタ！

ワハハ〜！

お腹すいたなぁー
배 고프다
ベゴプダ

（　）さんはよくいらっしゃいますか？		
（　）씨는 자주 오세요?		
（　）シヌン　チャジュ　オセヨ？		
いつも何人くらいで来ますか。	1人	2人
언제나 몇명이랑 같이 와요?	한 명	두 명
オンジェナ　ミョンミョンイラン　カッチ　ワヨ？	ハンミョン	トゥミョン

何曜日が多いですか？時間帯は？	月曜日
무슨 요일에 자주 오세요? 시간대는?	월요일
ムスン　ヨイレ　チャジュ　オセヨ？　シガンテヌン？	ウォリョイル

	火曜日	水曜日
どの席によく座りますか。	화요일	수요일
어느 자리에 자주 앉으세요?	ファヨイル	スヨイル
オヌ　ジャリエ　チャジュ　アンズセヨ？	木曜日	金曜日
	목요일	금요일
	モギョイル	クミョイル
印象はどうでしたか？	土曜日	日曜日
인상이 어때요?	토요일	일요일
インサンイ　オッテヨ？	トヨイル	イリョイル

乾杯！
건배!
コンベ！

いただきます！
잘 먹겠습니다!
チャル モッケッスムニダ！

おいしいです。
맛있어요!
マシッソヨ！

おかわりください！
더 주세요
ト チュセヨ

一緒に撮った写真ありますか？
같이 찍은 사진이 있나요?
カッチ チグン サジニ インナヨ？

サインありますか？
싸인 받아놓은것 있어요?
ッサイン パダノウンゴッ イッソヨ？

もっと（　）さんの話を聞かせてください
（　）씨의 이야기를 조금 더 들려주세요
（　）シエ イヤギルル チョグム ト トゥルリョジュセヨ

おいしかったです！
맛있었어요!
マシッソッソヨ！

お腹いっぱいです！
배 불러요!
ペ ブルロヨ！

（　）さんが好きなものを食べられて幸せです
（　）씨가 좋아하는 음식을 먹을수 있어서 행복해요
（　）シガ チョアハヌン ウムシグル モグル スイッソ ヘンボッケヨ

행복해~
ヘンボッケ~
（幸せ~）

ごちそうさまでした
잘 먹었습니다
チャル モゴッスムニダ

お勘定お願いします
계산 해주세요
ケサン ヘジュセヨ

美容院に挑戦してみる！

( ) の予約をお願いします
( ) 예약 부탁 드립니다
( ) イェヤク プッタクトゥリムニダ

カット	カラー
컷트 カットゥ	컬러 (or 염색) コォルロォ （ヨムセク）
パーマ	メイク
파마 パマ	메이크 업 メイク オプ

27일 2시에 예약 부탁드려요！
(27日の2時で予約お願いします。)

( ) さんの専属のスタイリストの方に切ってもらえますか
( ) 씨의 담당선생님께 자를수 있나요？
( ) シエ タムダン ソンセンニムケ チャルルス インナヨ？

予約できますか？	その日は難しいですか？
예약 가능해요？ イェヤク カヌンヘヨ？	그날은 어려울까요？ クナルン オリョウルカヨ？
ありがとうございます	楽しみにしています
감사합니다 カムサハムニダ	기대하고 있을게요 キデハゴ イッスルケヨ

いらっしゃいませ	予약した（　）です
어서 오세요 オソオセヨ	예약 한 （　）에요 イェヤク ハン （　） エヨ

2시에 예약한 푸푸에요.

（写真を見せて） こんなスタイルにしたいです	（　）さんと同じ髪型に してください
이런 스타일로 하고싶어요 イロン スタイルロ ハゴ シッポヨ	（　）씨랑 같은 머리모양으로 해주세요 （　）シラン カットゥン モリモヤンウロ ヘジュセヨ

同じ色に染めてください	明るめ	暗め
같은색으로 염색 해주세요 カットゥンセグロ ヨンセク ヘジュセヨ	밝게 パルケ	어둡게 オトゥプケ
もう少し、短くしてください	前髪	うしろ
조금만 더 짧게 해주세요 チョグムマン トォ チャルケ ヘジュセヨ	앞머리 アムモリ	뒷머리 トゥインモリ
長めに残してください	トップ	えりあし
길게 남겨주세요 キルゲ ナムギョジュセヨ	정수리 チョンスリ	뒷덜미 トゥィットルミ
～にしたい	ストレート	強めのパーマ	ゆるめのパーマ
～로 하고싶어요 ～ロ ハゴ シッポヨ	스트레이트 ストゥレイトゥ	강한 컬 カンハン コォル	약한 컬 ヤッカン コォル

美容師さんと仲良くなる

スターのことを尋ねたい

( )さんはどれぐらいのペースできますか？
( )씨는 얼마나 자주 오세요?
( )シヌン オルマナ チャジュ オセヨ？

一週間に一回
일주일에 한번
イルチュイレ ハンボン

一ヶ月に一回
한달에 한번
ハンダレ ハンボン

一人で来ますか？
혼자서 와요?
ホンジャソ ワヨ？

最近来たのないですか？
최근에 언제 왔어요?
チェグネ オンジェ ワッソヨ？

やっぱり格好いいですか？
역시 멋있어요?
ヨクシ モシッソヨ？

いつもどんな格好で来ますか？
항상 어떤 옷차림이에요?
ハンサン オットン オッチャリミエヨ？

どんな席によく座りますか？
어떤 자리에 자주 앉아요?
オットン チャリエ チャジュ アンジャヨ？

ファンの子は来ますか？
팬들이 찾아오나요?
ペンドゥリ チャジャオナヨ？

どんな髪質ですか？
어떤 머릿결이에요?
オットン モリッキョリエヨ？

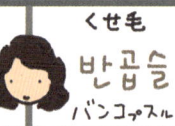

やわらかい	固い
부드럽다	뻣뻣하다
プドゥロッタ	ッポッポッタダ

テンパ	くせ毛	サラサラ	つやつや
곱슬머리	반곱슬	찰랑찰랑	윤기있는
コプスルモリ	パンコプスル	チャルラン チャルラン	ユンキインヌン

どんな髪型が好みですか？
어떤 머리 스타일을 좋아해요?
オットン モリスタイルル チョアヘヨ？

使っているシャンプー（リンス・トリートメント）を知っていますか？
어떤 샴푸(린스・트리트먼트)를 사용하는지 아세요?
オットン シャンプ（リンス・トゥリトゥモントゥ）ルル サヨンハヌンジ アセヨ？

待っているときは何をしていますか？ 기다릴 때는 무얼 해요? キダリルテヌン ムオル ヘヨ？	寝ていますか？ 자고 있어요? チャゴ イッソヨ？
切っているときは、お話ししますか。 자르는 동안 이야기 나누세요? チャルヌントンアン イヤギ ナヌセヨ？	女の子の話（男の子の話）とかするんですか。 여자 이야기（남자이야기）같은것도 하나요? ヨジャ イヤギ（ナムジャ イヤギ）カットンゴット ハナヨ？
どんな話題で盛り上がるのですか。 어떤 이야기로 분위기가 좋아져요? オットン イヤギロ プニギガ チョアジョヨ？	一緒にご飯食べたりするんですか。 같이 식사도 하세요? カッチ シクサド ハセヨ？
写真をもってますか？ 사진 있으세요? サジン イッセヨ？	見せてください 보여주세요 ポヨジュセヨ

いい匂いしますか？
좋은 냄새가 나요?
チョウン ネムセガ ナヨ？

化粧のりはいいですか？
화장은 잘 받아요?
ファジャンウン チャル パダヨ？

私も会いたいです
저도 만나고 싶어요
チョド マンナゴ シッポヨ

韓国では、放送局でメイクをせずに、美容室で事前にメイクをしてから現場に出かけることが多いんです。特に狎鴎亭、清潭洞のオシャレな美容室を使うことが多いので、こういったお店で出待ちしていると、お気に入りのスターに会えるかも？！

ロケ地巡り

道を尋ねる

すみません！
저기요!
チョギヨ！

〜に行きたいのですが
〜에 가고싶은데요
〜エ カゴシプンデヨ

〜はどこですか。
〜*은(는) 어디에요?
〜ウン(ヌン) オディエヨ？

迷ってしまいました
길을 잃어버렸어요
チルル イロボリョッソヨ

（　）はどこで撮影されたのですか。
(　)*은(는) 어디에서 촬영됐어요?
(　) ウン(ヌン) オディエソ チャリョンデッソヨ？

移動する

そこにはどうやって行けますか？
거기엔 어떻게 갈수있어요?
コギエン オットケ カルスイッソヨ？

〜で行けますか？
〜로 갈수 있어요?
〜ロ カルス イッソヨ？

どれくらい時間がかかりますか。
어느정도 시간이 걸려요?
オヌジョンド シガニ コルリョヨ？

いくらかかりますか。
얼마정도 들어요?
オルマジョンド トゥロヨ？

地下鉄	電車	KTX
지하철	전철	KTX
チハチョル	チョンチョル	ケイティエクス

徒歩	バス	タクシー
도보	버스	택시
トボ	ボス	テクシ

近い
가깝다
カカプタ

遠い
멀다
モルダ

移動のトラブル

改札を出られないのですが…
개찰구를 나갈수 없어요
ケチャルグルル ナガルス オプソヨ

乗り換えはどこですか。
환승은 어디에요?
ファンスンウン オディエヨ？

メーターと料金が違います
미터기랑 요금이 달라요
ミトギラン ヨグミ タルラヨ

その料金は、支払えません！
그 요금은 낼수 없어요!
ク ヨグムン ネルス オプソヨ！

*(은)는の説明：前にくる単語が母音終わりか子音終わりかによって変化します

はすむかい	대각선 건너	テガッソン コンノ
向こうがわ	건너편	コンノピョン
左	왼쪽	ウェン チョク
こちらがわ	이쪽	イ チョク
右	오른쪽	オルン チョク
まっすぐ行く	직진	チクチン
戻る	되돌아오다	テドラ オダ
曲がる	돌 다	トルダ
ここ	여기	ヨギ
そこ	거기	コギ
あそこ	저기	チョギ

この周辺の地図はありますか？
여기 주변의 지도, 있어요?
ヨギ チュビョネ チド、イッソヨ？

撮影場所に詳しい方から案内を受けられますか？
촬영장소를 잘 알고있는 분에게 안내받을 수 있을까요?
チャリョンジャンソルル チャル アルゴインヌン プネゲ アンネパドゥルス イッスルカヨ？

有料ですか？
유료에요？
ユリョエヨ？

何時からですか？
몇 시부터에요？
ミョッシ ブットエヨ？

何時までですか？
몇 시까지에요？
ミョッシ カジエヨ？

いろいろ教えてくださりありがとうございます！
여러모로 알려주셔서 감사합니다！
ヨロモロ アルリョジュショソ カムサハムニダ！

ロケ地で尋ねる

ロケ地について尋ねる

すみません、（　）の撮影場所はここですか。
저기요, （　）의 촬영장소가 여기인가요?
チョギヨ、（　）エ チャリョンジャンソガ ヨギインガヨ?

2人が出会ったシーンはどこで撮影されたのですか。
둘이 만나는 장면이 여기서 촬영된 거에요?
トゥリ マンナヌン チャンミョニ ヨギソ チャリョンデンゴエヨ?

할머니(おばあさん)
ハルモニ

（　）さんを現場でご覧になりましたか。
（　）씨를 현장에서 보셨어요?
（　）シルル ヒョンジャンエソ ポショッソヨ?

撮影されたときはどんな雰囲気でしたか。
촬영할 때는 어떤 분위기 였어요?
チャリョンハル テヌン オットン プニギ ヨッソヨ?

（　）さんはやさしかったですか。
（　）씨는 자상했나요?
（　）シヌン チャサンヘンナヨ?

撮影後、（　）さんは、こちらを訪れましたか。
촬영이 끝난 후에도 （　）씨는 여기를 방문하셨나요?
チャリョンイ ックンナン フエド （　）シヌン ヨギルル バンムンハションナヨ?

記念撮影

ここで写真を撮ってもらえませんか。
여기서 사진좀 찍어 주시겠어요?
ヨギソ サジンジョム チゴ ジュシゲッソヨ?

(ポーズをとりながら…)
こんな感じでしたか。
이렇게 하고 있었어요?
イロッケ ハゴ イッソッソヨ?

近所の人に怪しまれたとき	近所の人が怒っている…！
すみません、ロケ地を見学してもいいですか？ 죄송하지만 촬영지 좀 견학해도 될까요? チェソンハジマン チャリョンジ チョム キョナクヘド デルカヨ？	すみません、すぐ帰ります 죄송합니다 금방 돌아갈게요 チェソンハムニダ クムバン トラガルケヨ
気分よく話かけてくれた…！	でも、もう少しだけ見学したい！
撮影のこと、何かご存じですか？ 촬영에 대해서, 뭔가 알고 계신가요? チャリョンエデヘソ モンガ アルゴゲシンガヨ？	日本から来たので写真だけ撮っていってもいいですか？ 일본에서 왔는데 사진만 찍고 가도 돼요? イルボネソ ワンヌンデ サジンマン チッコガド テヨ？

ノリノリで話してくれた♪♪

( )さんは、どんな雰囲気でしたか？
( )씨는 어떤 분위기 였어요?
( )シヌン オットン プニギ ヨッソヨ？

もしかして、お宅で撮影されたのですか？
혹시, 댁에서 촬영하셨나요?
ホクシ、テゲソ チャリョンハションナヨ？

もしよろしければ、お宅に伺ってもいいですか？
혹시 괜찮으시다면 댁을 방문해도 될까요?
ホクシ ケンチャヌシダミョン テグル パンムンヘド デルカヨ？

お礼を伝える

ありがとうございます！心から感謝します
고맙습니다! 진심으로 감사드려요
コマプスムニダ！ チンシムロ カムサドゥリョヨ

心に残る良い想い出になりました
마음에 남을 좋은 추억이 되었어요
マウメ ナムル チョウン チュオギ デオッソヨ

日本に帰って自慢しちゃいます！
일본에 돌아가면 자랑할래요!
イルボネ トラガミョン チャランハルレヨ！

99

お目当てのCDを探す

( )はありますか？
( ) 있어요?
( )イッソヨ？

( )を探しているんですが…
( )을(를) 찾고있는데요…
( )ウル（ルル）チャッコインヌンデヨ…

すみません…！
저기요…！
チョギヨ…！

( )さんの	ドラマの	映画の
( )씨의	드라마의	영화의
( )シエ	ドゥラマエ	ヨンファエ

アルバム	ミニアルバム	シングル
정규앨범	미니앨범	싱글
チョンギュ エルボム	ミニ エルボム	シングル
サントラ	DVD（BOX）	ブルーレイ
사운드트랙(O.S.T)	디브이디 (박스)	블루레이
サウンドゥ トゥレク(O.S.T)	ディブイディ (バクス)	ブルレ レイ

リージョンコードは何ですか？	＊残念ながら日本と韓国とではリージョンコードが違うので、韓国で買ったDVDソフトを日本のプレイヤーで観ることは出来ません。ただし、ブルーレイは一緒のリージョンコードです。
지역코드가 뭐에요？	
チヨッコドゥガ モエヨ？	

新譜	特典付き	第○集	第1集	第2集
신보	특전포함	○집	1집	2집
シンボ	トゥクチョン ポハム	○チプ	イルチプ	イチプ
限定	通常	＊韓国ではこの場合、そのまま○集という風に使うことの方が多いです。	第3集	第4集
한정	통상		3집	4집
ハンジョン	トンサン		サムチプ	サチプ

ありますよ	ありません
있어요	없어요
イッソヨ	オプソヨ

廃盤です
폐반 되었어요
ペバン デオッソヨ

( )の新譜はいつ発売ですか？
( )의 신보는 언제 발매 되요?
( )エ シンボヌン オンジェ パルメデヨ？

( )のデジタルシングルはCDになる予定はありますか？
( )의 디지털 싱글은 CD로 될 예정이 있어요?
( )エ ディジットゥル シングルン シディロ デル イェジョンイ イッソヨ？

( )は再版される予定はありますか？
( )은(는) 재발매 될 예정이 있어요?
( )ウン(ヌン) チェバルメ デル イェジョンイ イッソヨ？

( )の他のCDはありますか？
( )의 다른 CD도 있어요?
( )エ タルン シディド イッソヨ？

注文できますか？	予約できますか？
주문할 수 있어요?	예약할 수 있어요?
チュムン ハルス イッソヨ？	イェヤク カルス イッソヨ？

このCDは試聴できますか？	気に入りました
이 CD, 들어볼 수 있어요?	마음에 들어요!
イ シディ, トゥロボルス イッソヨ？	マウメ トゥロヨ！

*(은)는の説明：前にくる単語が母音終わりか子音終わりかによって変化します

CDを購入する

お会計お願いします
계산 해주세요
ケサン ヘジュセヨ

※韓国ではお店によって環境保護のために商品を入れる袋が有料の所が多いです。なので、袋が必要な時はお店の人に言ってください。

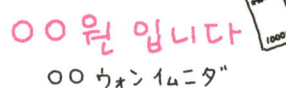

いくらですか。	これください
얼마에요?	이거 주세요
オルマエヨ?	イゴ ジュセヨ

○○ウォンです	割引はありますか？
○○원 입니다	할인이 되나요?
○○ウォン イムニダ	ハリニ テナヨ?

(ビニール)袋に入れてください
(비닐) 봉투에 넣어주세요
(ピニール) ボントゥエ ノオジュセヨ

重たいので、袋を2枚重ねにしてくれますか。
무거우니까 봉투를 두장 겹쳐서 넣어주세요
ムゴウニカ ボントゥルル トゥジャン キョプチョソ ノオジュセヨ

これだけ買ったので、何かおまけをつけてくれませんか。
이렇게 많이 샀는데 서비스 해주시면 안돼요?
イロッケ マニ サンヌンデ ソビス ヘジュシミョン アンデヨ?

(　　)のポスターはありませんか？
혹시 (　　) 포스터가 있나요?
ホッシ (　　) ポスタガ インナヨ?

(＊店員さんに)(　　　)に似ているって言われませんか？

혹시 (　　　)＊(이)랑 닮았다는 말 안 들으세요?

ホッシ (　　　)(イ)ラン タルマッタヌン マル アンドゥルセヨ？

カードでお願いします（一回払いでお願いします）

카드로 결제 해 주세요 (일시불로 해주세요)

カドゥロ キョルチェ ヘ ジュセヨ（イルシブルロ ヘジュセヨ）

会員カードを作りたいのですが、外国人も大丈夫ですか？

회원카드를 만들고 싶은데, 외국인도 가능한가요?

フェウォンカドゥルル マンドゥルゴ シップンデ、ウェグギンド カヌンハンガヨ？

買ったCDを航空便で日本に送りたいのですが、可能ですか？

구입한 CD를 우편(EMS)으로 보내고 싶은데 가능한가요?

グイパン シディルル ウッピョ(イエメス)ヌロ ポネゴ シップンデ カヌンハンガヨ？

お店を少し回りたいので、このCD、少し預かってもらえませんか？

좀 더 돌아보고 싶어서 그런데 CD좀 맡아주시겠어요?

チョム ド トラボゴ シッポソ グロンデ シディ ジョム マッタジュシゲッソヨ？

(　　　)さんのサイン会はいつですか？ (　　　)씨 사인회가 언제에요? (　　　)シ サインフェガ オンジェエヨ？	ありがとうございます 감사합니다 カムサハムニダ
(　　　)のコンサートって、近々ありますか？ (　　　)콘서트가 조만간 있나요? (　　　)コンソトゥガ チョマンガン インナヨ？	また来ますね 또 올게요! ット オルケヨ！

＊(이)랑の説明：前にくる単語が母音終わりか子音終わりかによって変化します

おすすめを尋ねる

今、一番売れているCDをください
요즘 제일 많이 팔리는 CD로 주세요
ヨジュム チェイル マニ パルリヌン シディロ ジュセヨ

今流れている曲は誰の何ていう曲ですか?
지금 나오는 곡은 누구의 무슨 곡이에요?
チグム ナオヌン ゴグン ヌグエ ムスン ゴギエヨ?

ちなみに、お兄さん(お姉さん)の好きな歌手は誰ですか。
참고로, 오빠(언니)가 좋아하는 가수는 누구에요?
チャムゴロ、オッパ(オンニ)ガ チョアハヌン カスヌン ヌグエヨ?

お兄さん(お姉さん)が今、一番おすすめしたいCDは何ですか?
오빠(언니)가 요즘 제일 추천하는 CD가 뭐에요?
オッパ(オンニ)ガ ヨジュム チェイル チュッチョンハヌン シディガ モエヨ?

＊韓国では店員のお兄さん、お姉さんを呼ぶとき、女性はお兄さんをオッパ、お姉さんをオンニと呼ぶことがある。

私は( )が好きなんですが、似たような音楽の歌手やアーティストは誰がいますか。
저는 ( )을/를* 좋아하는데요, 비슷한 분위기로 어떤 사람이 있어요?
チョヌン ( ) ウル/ルル チョアハヌンデヨ、ピスッタン プニギロ オットン サラミ イッソヨ?

アイドル以外でおすすめはありますか。
아이돌 이외에 추천하는 음악이 있어요?
アイドル イウェエ チュッチョンハヌン ウマギ イッソヨ?

インディーズでのおすすめを教えてください
인디 음악 중에서 추천할 만한 음악이 뭐에요?
インディ ウマク チュンエソ チュッチョンハルマナン ウマギ モエヨ?

＊(을)를の説明:前にくる単語が母音終わりか子音終わりかによって変化します

どんな感じの音楽ですか？
어떤 음악이에요?
オットン ウマギエヨ？

ロック	ポップス
락 ラク	팝 パプ
ラップ	ヒップホップ
랩 レプ	힙합 ヒプパプ
バラード	R&B
발라드 バルラドゥ	알앤비 アレンビ

女性	男性
여성 ヨソン	남성 ナムソン
ソロ	2人組
솔로 ソルロ	2인조 イインジョ
3人組	〇人グループ
3인조 サミンジョ	〇인그룹 〇イングルプ

歌がうまい	ダンスがうまい	ダンスがユニーク
노래를 잘한다 ノレルル チャランダ	춤을 잘 춘다 チュムル チャル チュンダ	춤이 독특하다 チュミ ドクトゥカダ
かっこいい	かわいい	きれい
멋지다 モッチダ	귀엽다 クィヨプダ	예쁘다 イェップダ

歌詞	元気になる	盛り上がる	おもしろい
가사 カサ	힘이 난다 ヒミ ナンダ	분위기가 업된다 プニギガ オプテンダ	재미있다 チェミイッタ
メロディ	切ない	悲しい	いい
멜로디 メルロディ	애절하다 エジョルハダ	슬프다 スルプダ	좋다 チョッタ

お誕生日に送る手紙

*1 (　　　) さんへ
*2 いつも素敵な笑顔の (　　　) さん、
*3 (年齢) 回目のお誕生日、おめでとうございます！
*4 新しい一年は、(　　　) さんにとって、どんな一年になるのでしょうか？
*5 歳を重ねて、一段と魅力的な歌を歌ってください。
*6 遠く日本から、いつも (　　　) さんの歌を聴きながら応援しています！
*7 この手紙と共に、お誕生日のプレゼントをお送りします。
*8 ぜひ、普段使っていただけると嬉しいです。
*9 これからも、ずっと応援しています。愛してます！
*10 (　　　) より

(　　　) 씨에게 ★1
(　　　) シエゲ

언제나 멋진 미소의 (　　　) 씨, ★2
オンジェナ　モッチン　ミソエ (　　　) シ、

(　　　) 번째 생일을 진심으로 축하해요. ★3
(　　　) ボンチェ　センイルル　チンシムロ　チュッカヘヨ．

새로운 1년이 (　　　) 씨에게 있어, 어떤 1년이 될까요? ★4
セロウン　イルニョニ (　　　) シエゲ　イッソ、オットン　イルニョニ　テルカヨ？

세월과 함께, 더욱 더 매력적인 노래를 불러주세요. ★5
セウォルグァ　ハムケ、トウォク　トォ　メリョクチョギン　ノレルル　プルロジュセヨ

먼 일본에서 항상 (　　　) 씨의 노래를 들으며 응원한답니다! ★6
モン　イルボネソ　ハンサン (　　　) シエ　ノレルル　トゥルミョ　ウンウォン　ハンダムニダ！

이 편지와 함께 생일 선물을 보내요. ★7
イ　ピョンジワ　ハムケ　センイル　ソンムルル　ポネヨ

평상시에 꼭 사용해주시면 기쁠 것 같아요. ★8
ピョンサンシエ　ッコク　サヨンヘジュシミョン　キップルコッ　カッタヨ

앞으로도 항상 응원할게요. 사랑해요! ★9
アップロド　ハンサン　ウンウォンハルケヨ　サランヘヨ！

*1 (　　　) (으)로부터 ★10
　　(　　　) (ウ)ロブト

*1 (으)로부터の説明：前にくる単語が母音終わりか子音終わりかによって変化します

イベント後に送る手紙

*1 いつも可愛い（　　　）さんへ
*2 今日のコンサート（ファンミーティング）、すごく楽しかったです。最高でした！
*3 特に、私が大好きな（曲名）を生で聴くことができてとても感動しました。
*4 飾らない素の一面を知ることができて、前よりもっと好きになりました！
*5 今度はいつ日本でコンサート（ファンミーティング）をしてくれますか？
*6 また早くあの素晴らしいステージを観たいです！
*7 次は、（都市名）にもぜひ来てください。必ず行きます！
*8 これからもその素敵な声を大切に、私たちファンを魅了してくださいね！
*9 心から応援しています！
*10 （あなたの名前）から（　　　）へ

언제나 예쁜 (　　　) 씨에게 *1
　　オンジェナ　イェップン　(　　　) シエゲ
오늘의 콘서트(팬미팅), 정말 즐거웠어요. 최고예요! *2
　　オヌレ　コンソトゥ(ペンミティン)、チョンマル　チュルゴウォッソヨ.　チェゴエヨ!
특히 제가 제일 좋아하는 (　　　)(을)를 라이브로 들어서 넘 기뻐요. *3
　　トゥッキ　チェガ　チェイル　チョアハヌン(　)(ウル)ルル　ライブロ　トゥロソ　ノム キッポヨ
꾸미지 않은 순수한 모습을 보고나서 전보다 더욱 좋아졌어요! *4
　　クミジ　アヌン　スンスハン　モスブル　ポゴナソ　チョンボダ トゥ　チョアジョッソヨ!
다음엔 언제 일본에서 콘서트(팬미팅)(을)를 하시나요? *5
　　タウメン　オンジェ　イルボネソ　コンソトゥ(ペンミティン)(ウル)ルル　ハシナヨ?
다시 한번 그 멋진 무대를 빨리 보고싶어요…! *6
　　タシ　ハンボン　ク　モッチン　ムデルル　パルリ　ポゴシッポヨ…!
다음번엔 (　) 에도 꼭 와주세요. 꼭 보러갈게요! *7
　　タウムポネン(　) エド　ッコク　ワジュセヨ.　ッコク　ポロカルケヨ!
앞으로도 그 멋진 목소리로 우리들을 매료시켜주세요. *8
　　アップロド　グ　モッチン　モッソリロ　ウリドゥルル　メリョシキョジュセヨ
진심으로 응원할게요! *9
　　チンシムロ　ウンウォンハルケヨ!

　　　　　　　　　　*1 (　　)(으)로부터 (　　) 씨에게 *10
　　　　　　　　　　　(　　)(ウ)ロブト　　(　　) シエゲ

*2 (을)를の説明：前にくる単語が母音終わりか子音終わりかによって変化します

デビュー記念日に送る手紙

*1 （グループ名）のリーダー（　　　）さんへ
*2 ○○周年、おめでとうございます！
*3 デビュー当時から大ファンで、韓国でのコンサートやイベントにもほとんど参加しています。
*4 日本で（グループ名）を一番愛してる！っていう自信があります。
*5 歌に、踊りに、演技に、みなさん万能で、日本にはあまりいないタイプのグループだと思います。
*6 その中でも（　　　）さんのルックスは、完璧に私の好みです！
*7 練習生時代を乗り越え、○○周年を迎えられたのは、みなさんの努力の結果だと思います。
*8 韓国のファンにも負けないくらい、（グループ名）の明るい未来を心から願っています。
*9 これからも素敵な夢を見させてください！（　　　）さん、愛してます！
*10 （　　　）から（グループ名）○○周年に寄せて

（　　）의 리더 （　　　）씨에게 ★1
　　（　　）エ リドォ （　　　）シエゲ

○○주년, 정말 축하해요! ★2
○○チュニョン, チョンマル チュッカヘヨ!

데뷔 당시부터 팬으로, 한국의 콘서트와 이벤트에도
デビュ ダンシブト ペヌロ、ハングゲ コンソトゥワ イベントゥエド
거의 다 다녀왔어요. ★3
コイ タ タニョワッソヨ

저는 일본에서（　　）(를)를 제일 좋아한다고 자신할 수 있어요. ★4 *1
チョヌン イルボネソ（　　）(ウル)ルル チェイル チョアハンダゴ チャシンハルス イッソヨ

노래, 춤, 연기까지...
ノレ、チュム、ヨンギカジ...

만능 엔터테이너로써 일본에선 흔치 않은 그룹이에요. ★5
マンヌン エントテイノロッシ イルボネソン フンチアヌン グルビエヨ

그 중에서도（　　）씨는 완벽하게 제가 좋아하는 스타일이에요. ★6
クジュンエソド（　　）シヌン ワンビョッカゲ チェガ チョアハヌン スタイリエヨ

연습생 시절을 극복하고 ○○주년을 맞이한 것은
ヨンスプセン シジョルル クッポカゴ ○○ジュニョヌル マジハンゴスン
그 노력의 결과라고 생각해요. ★7
ク ノリョゲ キョルガラゴ センガッケヨ

한국의 팬들에게도 지지 않도록 （　　）의 밝은 미래를 기원할게요. ★8
ハングゲ ペンドゥレゲド チジ アントロッ （　　）エ パルグン ミレルル キウォンハルケヨ

앞으로도 멋진 꿈을 펼쳐주세요! （　　）씨, 사랑해요~! ★9
アップロド モッチン クムル ピョルチョジュセヨ! （　　）シ、サランヘヨ~!

★2 （　　）(의)로부터 （　　）○○주년을 기념하며... ★10
　　（　　）(ウ)ロブト （　　）○○ジュニョヌル キニョムハミョ...

*1 (을)들の説明：前にくる単語が母音終わりか子音終わりかによって変化します

好きな気持ちを伝える手紙

*1 （グループ名）のみなさんへ
*2 はじめまして！
*3 今まで大好きなスターに手紙を書いたことなんてなかったのですが、
*4 今回初めて、勇気を振り絞って書いてみました。それくらい（グループ名）に
　　ハマっています！
*5 （グループ名）の元気いっぱいのパフォーマンスは、観ているだけで元気をもらえます。
*6 みなさんの笑顔に心を奪われてしまいました。
*7 こうして手紙を書いているだけで、幸せな気持ちになるのはなぜなのでしょうか？
*8 これからもその笑顔を絶やさず、いつまでも、日本のファンの心を温め続けてください！
*9 毎日遅くまでお仕事で大変だと思いますが、体を壊さないように頑張ってください！
*10 （　　　）より

（　　　）의 여러분들께 *1
　　（　　　）エ　ヨロブンドゥルケ

안녕하세요！ *2
アンニョンハセヨ！

저는 지금까지 좋아하는 스타에게 한번도 편지를 쓴 적이 없었는데
チョヌン　チグムカジ　チョアハヌン　スタエゲ　ハンボンド　ピョンジルル　ッスンチョギ　オプソンヌンデ
이번엔 처음으로 용기를 내서 편지 써봐요. *3
イボネン　チョウムロ　ヨンギルル　ネソ　ピョンジ　ッソバヨ

그만큼 （　　　）에 빠져있나봐요. *4
クマンクム　（　　　）エ　パジョインナバヨ

（　　　）의 힘이 넘치는 퍼포먼스는, 보고만 있어도 힘이 된답니다. *5
　　（　　　）エ　ヒミ　ノムチヌン　ポオポモンスヌン、ポゴマン　イッソド　ヒミ　テンダムニダ

여러분의 웃는 모습이 제 마음을 사로잡았어요. *6
ヨロブネ　ウンヌン　モスビ　チェ　マウムル　サロチャバッソヨ

이렇게 편지를 쓰는 것만으로도 행복한 기분이 드는것은 왜 일까요？ *7
イロッケ　ピョンジルル　ッスヌン　ゴンマヌロド　ヘンボッカン　キブニ　トゥヌンゴスン　ウェイルカヨ？

앞으로도 그 미소로 언제까지나, 일본 팬들의 마음을 따쓰하게 해주세요. *8
アップロド　ク　ミソロ　オンジェカジナ、イルボン　ペンドゥレ　マウムル　タスハゲ　ヘジュセヨ

　매일 늦은 시간까지 스케줄로 힘들겠지만, 몸 건강히 힘내세요~！ *9
　メイル　ヌジュンシガンカジ　スケジュルロ　ヒムドゥルゲッチマン、モム　コンガンヒ　ヒムネセヨ~！

　　　　　　　　　　　　　　*2（　　　）（으）로부터 *10
　　　　　　　　　　　　　　　　（　　　）（ウ）ロブト

*2（으）로부터の説明：前にくる単語が母音終わりか子音終わりかによって変化します

新曲の感想を送る手紙

*1 (　　　) さんへ
*2 いつも (名前) を遠く日本で応援している (あなたの名前) です。
*3 新曲 (曲名)、すごく良かったです。毎日、聴きながら出勤 (登校) しています！
*4 一度聴いたら、耳から離れない曲ですね。
*5 電車の中で聴いていたら、自然に体が動いてしまって、周りの人たちに
　 変な風に見られてしまいました…。
*6 それほど、ハマっています！
*7 リクエストもいろいろなところに送ろうと思っています！
*8 フルアルバムのリリースも今から楽しみです！
*9 次は、プロモーションではなく、コンサートのために、日本に来てくださいね！
*10 これからも、(　　　) さんの未来が輝かしいものでありますように！
*11 (　　　) より

(　　　) 씨에게　*1
　　(　　　) シエゲ

언제나 (　　　) 씨를 먼 일본에서 응원하고있는 (　　　) 입니다.　*2
オジェナ (　　　) シルル　モン　イルボネソ　ウンウォンハゴインヌン (　　　) イムニダ

신곡 (　　　), 정말 좋았어요. 매일 출근 (등교) 하면서 듣고 있어요.　*3
シンゴク (　　　)、 チョンマル チョアッソヨ. メイル チュルグン (トゥンギョ) ハミョンソ トゥッコイッソヨ.

한번 들으면 계속 귓가에 맴도는 곡이에요.　*4
ハンボン トゥルミョン ケソク クィッカエ メムドヌン コギエヨ

전철 안에서 듣고 있으면, 자연스레 몸이 움직여
ジョンチョル アネソ トゥッコ イッスミョン、 チャヨンスレ モミ ウムジギョ

주위 사람들이 이상한 눈으로 쳐다보기도 해요.　*5
チュイ サラムトゥリ　イサンハン ヌヌロ　チョダボギド　ヘヨ

그럴만큼 빠져있어요!　*6
クロルマンクム ッパジョイッソヨ!

여기저기 신청곡으로도 넣으려 하고 있답니다.　*7
ヨギジョギ　シンチョンゴクロド　ノウリョ　ハゴ　イッタムニダ

앞으로 있을 정규앨범의 발매도 기대하고 있을게요!　*8
アップロ　イッスル　チョンギュエルボメ　パルメド　キデハゴ　イッスルケヨ

다음엔 프로모션으로가 아닌, 콘서트로 일본에 와주세요…!　*9
タウメン プロモショヌロガ アニン、 コンソトゥロ イルボネ ワジュセヨ

　　　　　　　　　　* (　　　) (으)로부터　*10
　　　　　　　　　　　 (　　　) (ウ)ロブト

入隊するスターに送る手紙

*1 (　　　) さんへ
*2 ついに入隊の日が来てしまいました。
*3 (　　　) さんに会えない2年間、どうすればいいのか、
　　ただただ悲しくて寂しい気持ちでいっぱいです。
*4 そんなことを言っても、それは私たちファンのわがままなのかもしれませんね。
*5 大切な家族とも離れ、そして、俳優というお仕事からも
　　離れなければならない (　　　) さんは、もっとつらいですよね。
*6 今は、ただ (　　　) さんが入隊されるという事実を受け入れ、
　　2年間、待ち続けたいと思います。
*7 お体にはどうかお気を付けてくださいね！
*8 またお手紙を書きます。
*9 入隊している間も、ひとときも忘れず愛しています！
*10 (　　　) より愛をこめて

내가 너무너무 좋아하는 (　　　) 씨에게 *1
ネガ　ノムノム　チョアハヌン　(　　　) シエゲ

드디어 입대 날이 다가왔네요. *2
トゥディオ　イプテ　ナリ　タガワンネヨ

(　　　) 씨와 만나지 못할 2년간, 어떻게 하면 좋을지,
(　　　) シワ　マンナジ　モッタル　イニョンガン、オットッケ ハミョン チョウルチ、

그저 슬프고 허전할 따름이에요…! *3
クジョ　スルプゴ　ホジョナル　タルミエヨ…!

하지만 그건, 우리들 팬들 입장에서만 생각하는 말이겠죠? *4
ハジマン　クゴン、ウリドゥル ペンドゥル　イプチャンエソマン センガッカヌン マリゲッチョ?

사랑하는 가족과 떨어져, 그리고 배우라는 일에서도 당분간
サランハヌン　カジョックァ トロジョ、クリゴ　ペウラヌン イレソド タンブンガン

멀어져있어야 하는 (　　　) 씨가 우리보다도 더욱 더 힘들테니까요… *5
モロジョイッソヤ ハヌン (　　　) シガ ウリボダド トウク トウ ヒムドゥルテニカヨ…

지금은 그저, (　　　) 씨가 입대한다는 사실을 받아들이고
チグムン クジョ、(　　　) シガ イプテハンダヌン サシルル パダドゥリゴ

2년동안 기다려야 하겠죠. *6
イニョンドンアン キダリョヤ ハゲッチョ

부디, 몸 건강히 잘 다녀오세요. *7
プディ、モム コンガンヒ チャル タニョオセヨ!

또 편지 쓸게요. *8
ット　ピョンジ ッスルケヨ

입대 해 있는동안에도 한시도 잊지 않을게요…! *9
イプテ ヘ インヌンドンアネド ハンシド イッチ アヌルケヨ…!

*(　　　)로부터 사랑을 담아 *10
(　　　)(ウ)ロブト サランウル タマ

*(으)로부터の説明：前にくる単語が母音終わりか子音終わりかによって変化します

除隊したスターに送る手紙

*1 (　　　) さんへ
*2 お帰りなさい！
*3 待ちに待った除隊の日がやってきましたね。
*4 少しやせられたのでしょうか？それとも、たくましくなられたのでしょうか？
*5 ようやく、(　　　) さんにお会いできて、気分がとても高まっています。
*6 入隊されている間も、大好きな（作品名）を見ながら
　　いつも (　　　) さんを思っていました。
*7 これからどんな作品に出演されるのでしょうか？
*8 (　　　) さんの役者としての姿を少しでも早く見たい気持ちでいっぱいです。
*9 時間をかけて、ゆっくり良い作品を選んで、
　　納得のいく作品でカムバックしてくださいね。
*10 これからも、(　　　) さんの未来が輝かしいものでありますように！
*11 あなたの永遠のファン (　　　)

(　　　) 씨에게 *1
　　シエゲ

제대 축하해요! *2
チェデ チュッカヘヨ!

기다리고 기다리던 제대일이 드디어 찾아왔네요. *3
キダリゴ　キダリドン　チェデイリ　トゥディオ　チャジャワンネヨ

조금 야위었나요? 아니면 전보다 더 다부진 몸이 되었나요? *4
チョグム ヤウィオンナヨ?　アニミョン チョンボダト タブジンモミ テオンナヨ?

드디어 (　　　) 씨를 만날 수 있게 되어 기분이 좋아졌어요. *5
トゥディオ　(　　　) シルル マナルス イッケ デオ キブニ チョアジョッソヨ

입대해 있는 동안에도 제가 좋아하는 (　　　)을(를)* 보면서
イプデヘ インヌン トンアンエド チェガ チョアハヌン (　　　) (ウル)ルル ポミョンソ

항상 (　　　) 씨를 생각했어요. *6
ハンサン (　　　) シルル センガッケッソヨ

앞으로는 어떤 작품에 출연 할 계획이에요? *7
アップロヌン オットン チャクプメ チュリョン ハル ケフェギエヨ?

(　　　) 씨의 연기자로서의 활약을 빨리 보고 싶어요. *8
(　　　) シエ ヨンギジャロッソエ ファリャグル ッパリ ポゴ シポヨ

시간을 충분히 들여서 좋은 작품을 골라, 납득할 수 있는 작품으로
シガヌル チュンブニ トゥリョソ チョウン チャクプムル コルラ、ナプトゥカルス インヌン チャクプムロ

컴백해주세요. *9
コムベッケジュセヨ

앞으로도 (　　　) 씨의 빛나는 미래를 기원할게요! *10
アップロド (　　　) シエ ピンナヌン ミレルル キウォンハルケヨ!

　　　　　　　　당신의 영원한 팬 (　　　) *11
　　　　　　　　タンシネ ヨンリォナン ペン (　　　)

*(을)를の説明：前にくる単語が母音終わりか子音終わりかによって変化します

ENTERTAINMENT NOTEBOOK

chapter 3
韓国エンタメ 俳優・アーティスト名大辞典

大好きなスターの名前を
ハングルで書いてみよう
ファンレターや応援プレートにも使えるよ

※2012年3月末現在　一部メンバーが変更になっている可能性があります。
現存する全ての歌手・アーティスト・俳優を表記しているものではありません。

ア行

Ara（コ・アラ）	コ・アラ
アン・ジェウク	안재욱
アン・ジェモ	안재모
アン・ソンギ	안성기
イ・ウィジョン	이의정
イ・ウン	이은
イ・ウンジュ	이은주
イ・ギウ	이기우
イ・ジア	이지아
イ・ジヌク	이진욱
イ・ジャンウ	이장우
イ・ジュンギ	이준기
イ・シヨン	이시영
イ・ジョンジェ	이정재
イ・ジョンジン	이정진
イ・ジョンソク	이정석
イ・スンギ	이승기
イ・ソジン	이서진
イ・ソヨン	이서영
イ・ソンギュン	이선균
イ・ソンジェ	이성재
イ・ダヒ	이다희
イ・ダヘ	이다해
イ・チョニ（イ・チョンヒ）	이천희
イ・テソン	이태성
イ・テラン	이태란
イ・ドンウク	이동욱
イ・ドンゴン	이동건
イ・ナヨン	이나영
イ・ヒョヌ	이현우
イ・ビョンホン	이병헌
イ・フィリップ	이필립
イ・ボムス	이범수
イ・ボヨン	이보영
イ・ミヨン	이미연
イ・ミンギ	이민기
イ・ミンジョン	이민정
イ・ミンホ	이민호
イ・ムンシク	이문식
イ・ヨウォン	이요원
イ・ヨニ	이연희
イ・ヨンエ	이영애
イ・ワン	이완
イム・ジュファン	임주환
イム・スジョン	임수정
イム・チャンジョン	임창정
イム・ヒョンシク	임현식
イ・ホ	임호
ウォンビン	원빈
エリック	에릭
オ・ジホ	오지호
オ・マンソク	오만석
オク・チュヒョン	옥주현
オム・テウン	엄태웅
オン・ジュワン	온주완

カ行

カム・ウソン	감우성
カン・ジファン	강지환
カン・ソンヨン	강성연
カン・ドンウォン	강동원
カン・ヘジョン	강혜정
キ・テヨン	기태영
キム・アジュン	김아중
キム・ウォニ	김원희
キム・オクビン	김옥빈
キム・ガンウ	김강우
キム・キボム	김기범
キム・ギュリ	김규리
キム・サラン	김사랑
キム・サンギョン	김상경
キム・ジウォン	김지원
キム・ジェウォン	김재원
キム・ジェウク	김재욱
キム・ジス	김지수
キム・ジュヒョク	김주혁
キム・ジュン	김준
キム・ジョンウン	김정은
キム・スヒョン	김수현
キム・スミ	김수미
キム・スロ	김수로
キム・スンウ	김승우
キム・ソナ	김선아
キム・ソヨン	김소연
キム・ソンウン	김성은
キム・ソンス	김성수
キム・テウ	김태우
キム・テヒ	김태희

人名辞典／俳優編

114

キム・ドンワン	김동완	ソ・ジソブ	소지섭
キム・ナムギル	김남길	ソ・ドヨン	서도영
キム・ナムジュ	김남주	ソ・ユジン	소유진
キム・ナムジン	김남진	ソウ	서우
キム・ハヌル	김하늘	ソル・ギョング	설경구
キム・ヒエ	김희애	ソン・イェジン	손예진
キム・ヒソン	김희선	ソン・イルグク	송일국
キム・ヒチョル	김희철	ソン・ガンホ	송강호
キム・ビョル	김별	ソン・ジヒョ	송지효
キム・ヒョンジュン	김현중	ソン・ジュンギ	송중기
キム・ヘス	김혜수	ソン・スンホン	송승헌
キム・ボム	김범	ソン・テヨン	손태영
キム・ミニ	김민희	ソン・ヘギョ	송혜교
キム・ミョンミン	김명민	ソン・ユナ	송윤아
キム・ミンジュン	김민준	ソン・ユリ	성유리
キム・ミンジョン	김민정	**タ行**	
キム・ユンジン	김윤진	ダニエル・ヘニー	다니엘 헤니
キム・レウォン	김래원	タンジ	단지
キョン・ミリ	견미리	チ・ジニ	지진희
ク・ヘソン	구혜선	チェ・ガンヒ	최강희
クォン・サンウ	권상우	チェ・ジウ	최지우
クォン・リセ	권리세	チェ・シウォン	최시원
コ・アソン	고아성	チェ・ジョンアン	채정안
コ・ス	고수	チェ・シラ	채시라
コ・ソヨン	고소영	チェ・ジンシル	최진실
コ・ヒョンジョン	고현정	チェ・スジョン	최수종
コン・ヒョジン	공효진	チェ・ミンシク	최민식
コン・ヒョンジン	공형진	チェ・ミンス	최민수
コン・ユ	공유	チェリム	채림
サ行		チソン	지성
John-Hoon	김정훈	チャ・イェリョン	차예련
サガン	사강	チャ・インピョ	차인표
ジェヒ	재희	チャ・スンウォン	차승원
シム・ウナ	심은하	チャ・テヒョン	차태현
シム・ジホ	심지호	チャン・グンソク	장근석
シン・グ	신구	チャン・ジニョン	장진영
シン・セギョン	신세경	チャン・ドンゴン	장동건
シン・ソユル	신소율	チャン・ヒョク	장혁
シン・ドンウク	신동욱	チュ・サンミ	추상미
シン・ハギュン	신하균	チュ・ジフン	주지훈
シン・ヒョンジュン	신현준	チュ・ジョンヒョク	주종혁
シン・ミナ	신민아	チュ・ジンモ	주진모
スエ	수애	チュウォン	주원
ソ・イヒョン	서이현	チョ・インソン	조인성

人名辞典／俳優編

チョ・ショルハ	조절린	パク・ボヨン	박해일
チョ・スンウ	조승우	パク・ミニョン	박민영
チョ・ハンソン	조한선	パク・ユファン	박유환
チョ・ヒョンジェ	조현재	パク・ヨンウ	박용우
チョ・ヘリョン	소헤련	パク・ヨンハ	바온하
チョン・イル	성일우	ハン・イェスル	한예슬
チョン・ウィチョル	정의철	ハン・ウンジョン	한은정
チョン・ウソン	정우성	ハン・ガイン	한가인
チョン・ギョンホ	정경호	ハン・コウン	한고은
チョン・シア	정시아	ハン・ジェソク	한재석
チョン・ジェヨン	정재영	ハン・ジヘ	한지혜
チョン・ジヒョン	전지현	ハン・ジミン	한지민
チョン・ジュノ	정준호	ハン・ソッキュ	한석규
チョン・ジョンミョン	천정명	ハン・チェヨン	한채영
チョン・ソニ	정선희	ハン・ヒョジュ	한효주
チョン・ソミン	정소민	ハン・ヘジン	한혜진
チョン・ダビン	정다빈	ヒョヌ	현우
チョン・ドヨン	전도연	ヒョンビン	현빈
チョン・ヘジン	전혜진	ヒョンヨン	현영
チョン・リョウォン	정려원	ファニ	환희
チン・グ	진구	ファン・シネ	황신혜
デニス・オ	데니스 오	ファン・ジヒョン	황지현
ナ行		ファン・ジョンウム	황정음
ナム・サンミ	남상미	ファン・ジョンミン	황정민
ナムグン・ミン	남궁민	ファン・スジョン	황수정
ノ・ミヌ	노민우	ファンウ・スルヘ	황우슬혜
ハ行		ペ・ドゥナ	배두나
ハ・ジウォン	하지원	ペ・ヨンジュン	배용준
ハ・ジョンウ	하정우	ベク・ソンヒョン	백성현
パク・イェジン	박예진	ホ・イジェ	허이재
パク・ウネ	박은혜	ホ・ジュノ	허준호
パク・コニョン	박건형	ホン・チュンミン	홍충민
パク・サンウォン	박상원	ポン・テギュ	봉태규
パク・サンミョン	박상면	ホン・リナ	홍리나
パク・シニャン	박신양	**マ行**	
パク・シネ	박신혜	マルコ	마르코
パク・シフ	박시후	ミョン・セビン	명세빈
パク・シヨン	박시연	ミン・ヒョリン	민효린
パク・ソニョン	박선영	ムン・グニョン	문근영
パク・ソルミ	박솔미	ムン・ソリ	문소리
パク・チニ	박진희	ムン・メイスン	문메이슨
パク・チビン	박지빈	**ヤ行**	
パク・ハンビョル	박한별	ヤン・ジヌ	양진우
パク・ヘイル	비해일	ヤン・ドングン	양동근

ヤン・ミギョン	양미경
ユ・アイン	유아인
ユ・インナ	유인나
ユ・オソン	유오성
ユ・ゴン	유건
ユ・ジテ	유지태
ユ・スンホ	유승호
ユン・ウネ	윤은혜
ユン・ゲサン	윤계상
ユン・サンヒョン	윤상현
ユン・シユン	윤시윤
ユン・ジンソ	윤진서
ユン・ソイ	윤소이
ユン・テヨン	윤태영
ユンソナ	윤손하
ヨ・ジング	여진구
ヨム・ジョンア	염정아
ヨン・ジョンフン	연정훈
ラ行	
リュ・シウォン	류시원
リュ・ジン	류진
リュ・スヨン	류수영
リュ・スンボム	류승범
ワ行	
ワン・ソクヒョン	왕석현
ワン・ピンナ	왕빛나

人名辞典／K-POP編

ア行			
I-13	아이써틴	イ・ジョンヒョン	이힘현
ジウン	지은	イ・スヨン	이수연
ペク・ウネ	백은혜	イ・スンギ	이승기
クム・ガウン	금가은	RUI（イ・スンチョル）	이승철
キム・ボリム	김보림	イ・スンファン	이승환
ミン・ジョン	민정	イ・ムンセ	이문세
カ・ジン	가진	イム・ジェボム	임재범
アン・ジョンユ	안정유	イム・ジョンヒ	임정희
キム・ソニ	김송이	Eru	이루
ナム・ミリ	남미리	イルマ	이루마
イム・ヒョジン	임효진	一楽（イルラク）	일탁
チョ・ヨンジン	조연진	INFINITE	인피니트
キム・スジン	김수진	ソンギュ	김성규
キム・ボリョン	김보련	ドンウ	장동우
IVY	아이비	ウヒョン	남우현
IU（アイユー）	아이유	ホヤ	호야
As One	애즈원	ソンヨル	이성열
イ・ミン	이민	エル（L）	엘
クリスタル	크리스탈	ソンジョン	이성종
UPTOWN	업타운	ウ・ソンミン	우성민
AFTERSCHOOL	애프터스쿨	ウィンク	윙크
カヒ	가희	ウジュ	우주
ジュヨン	주연	8eight	에이트
レイナ	레이나	イ・ヒョン	이현
ジョンア	정아	ペク・チャン	백찬
ユイ	유이	ジュヒ	주희
ナナ	나나	A PINK	에이핑크
LIZZY	리시	パク・チョロン	박초롱
イヨン	이영	ユン・ボミ	윤보미
カウン	가온	チョン・ウンジ	성은지
アユミ	아유미	ソン・ナウン	손나은
アレクサンダー	알렉산더	ホン・ユギョン	홍유경
アン・チファン	안치환	キム・ナムジュ	김남주
EXID（イエクスアイディ）	이엑스아이디	オ・ハヨン	오하영
ユジ	유지	EXO-K	엑소케이
ダミ	다미	ディオ	디오
LE	안효진	カイ	카이
ジョンファ	정화	スホ	수호
ヘリョン	해령	チャンニョル	찬열
ハニ	하니	セフン	세훈
イ・キチャン	이기찬	ベッキョン	백현
イ・ジフン	이지훈	S.E.S.	
イ・ジョン	이성	パダ	바다
		ユジン	유진

シュー	슈	J.YOON	제이윤
sgWANNABE	SG 워너비	**MBLAQ**	엠블랙
キム・ジノ	김진호	スンホ	승호
キム・ヨンジュン	김용준	イ・ジュン	이준
イ・ソクフン	이석훈	ミル	미르
H.O.T.		ジオ	지오
カンタ	강타	チョンドゥン	천둥
ムン・ヒジュン	문희준	LPG	엘피쥐
チャン・ウヒョク	장우혁	**5tion**	오션
TONYAN	토니안	ヒョン	현
イ・ジェウォン	이재원	ロイ	로이
NRG		カイン	카인
NSユンジ	NS 윤지	レン	렌
N-TRAIN	엔트레인	ボソク	보석
チョン・チョンギュン	정정균	オム・ジョンファ	엄정화
チョン・スンヒョン	정승현	**ORANGE CARAMEL**	오렌지캬라멜
SOUL-J	소울 제이	ナナ	나나
ソン・ユジン	송유진	レイナ	레이나
キム・サンウ	김상우	リジー	리지
EpikHigh	에픽하이	**カ行**	
TABRO	타블로	**CHAOS (カオス)**	카오스
ミスラジン	미쓰라 진	ヒョンソン	현선
DJ トゥーカッツ	DJ 투컷츠	パク・テヤン	박태양
f(x)	에프엑스	ヒジェ	희재
エンバ	엠버	ドンミン	동민
ルナ	루나	トゥファン	두환
ソルリ	설리	**Girl's Day**	걸스데이
ビクトリア	빅토리아	ソジン	소진
クリスタル	크리스탈	ジヘ	지해
FTISLAND	FT 아일랜드	ミナ	민아
イ・ジェジン	이재진	ユラ	유라
イ・ホンギ	이홍기	ヘリ	혜리
ソン・スンヒョン	송승현	**Gavy N.J.**	가비엔제이
チェ・ジョンフン	최종훈	チャン・ヒヨン	장희영
チェ・ミンファン	최민환	ノ・シヒョン	노시현
M.I.B		ミスティ	미스티
5Zic	김한길	**KARA**	카라
KangNam	나메카와 야스오	カン・ジヨン	강지영
SIMS	심종수	パク・ギュリ	박규리
Craam	김기석	ハン・スンヨン	한승연
MCモン	MC몽	ニコル (チョン・ニコル)	니콜
MC THE MAX	엠씨 더 맥스	ハラ (ク・ハラ)	구하라
イス	이수	キム・ゴンモ	김건모
チャン・ミンヒョク	전민혁	キム・ジョハン	김조한

人名辞典／K-POP編

キム・ジョングク	김민국	デニー・アン	데니안
キム・ジョンソ	김존서	パク・ジュニョン	박준형
キム・ジンピョ	김진표	ソン・ホヨン	손호영
キム・ドンリュル	김동률	**CNBLUE**	씨엔블루
キム・ヒョンジョン	김현정	イ・ジョンシン	이정신
キム・ボムス	김범수	ジョン・ヨンファ	정용화
COOL	쿨	イ・ジョンヒョン	이종현
Clazziquai	클래지콰이	カン・ミニョク	강민혁
DJ クラジ	DJ 클래지	**Secret**	시크릿
ALEX	알렉스	ジウン	송지은
ホラン	호란	ソナ	한선화
クリスティーナ	크리스티나	ジンガー	징거
Click-B	클릭비	ヒョソン	전효성
キム・テヒョン	김태형	SeeYa	씨야
ウ・ヨンソク	우연석	J	제이
キム・サンヒョク	김상혁	**JYJ**	
オ・ジョンヒョク	오종혁	ジェジュン	재중
K	케이	ユチョン	유천
KCM	케이씨엠	ジュンス	준수
K.Will	케이윌	SechsKies	젝스키스
K-POP	케이팝	**SISTAR**	씨스타
CODE-V	코드브이	ダソム	다솜
ルイ	루이	ボラ	보라
ジェウォン	재원	ヒョリン	효린
ナロ	나로	ソユ	소유
サンウ	상우	G.NA	지나
ソル	솔	**ジヌション**	지누선
コブギ	거북이	Jinu (ジヌ)	지누
Gummy	거미	Sean (ション)	션
コヨーテ	코요태	S#arp	샵
シンジ	신지	**SHINee**	샤이니
キム・ジョンミン	김종민	テミン	태민
ペッカ	빽가	オンユ	온유
サ行		ジョンヒョン	종현
PSY	싸이	Key	
SUNNYHILL	써니힐	ミンホ	민호
チャンヒョン	장현	**紫雨林**	자우림
ジュビ	주비	イ・ソンギュ	이선규
スンア	승아	キム・ユナ	김윤아
コタ	코타	ク・テフン	구태훈
ミソン	미성	キム・ジンマン	김진만
Zia	지아	JOO	주
God		**SHU-I**	슈아이
キム・テウ	김태우	インソク	인석

チャンヒョン	창현	シウォン	시원
ヒョンジュン	형준	**STELLAR** (ステラ)	스텔라
ミンホ	민호	ガヨン	가영
ジンソク	진석	チョンユル	전율
JEWELRY	쥬얼리	ヒョウン	효은
ハ・ジュヨン	하주연	ミニ	민희
キム・ウンジョン	김은정	**SPICA** (スピカ)	스피카
パク・セミ	박세미	ヤン・ジウォン	양지원
キム・イェウォン	김예원	キム・ボア	김보아
Sugar	슈가	パク・ジュヒョン	박주현
少女時代	소녀시대	パク・ナレ	박나래
テヨン	태연	キム・ボヒョン	김보형
ティファニー	티파니	**SM☆SH**	스매쉬
スヨン	수영	セゲ	세계
ジェシカ	제시카	ジェリー	제리
ユナ	윤아	ナル	나루
ソヒョン	서현	ハンバン	한방
サニー	써니	ヒーロー	히로
ヒョヨン	효연	**ZE:A**	제국의아이들
ユリ	유리	ジュンヨン	문준영
Chocolat (ショコラ)	쇼콜라	テホン	김태현
ミン・ソア	소아	ドンジュン	김동준
ティア	티아	ミヌ	하민우
ジュリアン	줄리앤	シワン	시완
メラニ	멜라니	ヒョンシク	박형식
ジョン・パク	존 박	ヒチョル	정희철
シン・スンフン	신승훈	グァンヒ	황광희
シン・ヘチョル	신해철	ケビン	케빈
SHINHWA	신화	**SE7EN**	세븐
キム・ドンワン	김동완	Zero	제로
イ・ミヌ	이민우	ソ・イニョン	서인영
エリック	에릭	ソ・ジヨン	서지영
アンディ (エンディ)	앤디	ソ・チャンフィ	소찬휘
チョンジン	전진	ソ・テジ	서태지
シン・ヘソン	신혜성	SoRi	소리
SUPER JUNIOR	슈퍼주니어	ソン・シギョン	성시경
ドンヘ	동해	ソン・ダムビ	손담비
ウニョク	은혁	SunMin	선민
イトゥク	이특	**タ行**	
イェソン	예성	**DYNAMIC DUO** (ダイナミック・デュオ)	다이나믹 듀오
リョウク	려욱	チェジャ	최자
シンドン	신동	ゲコ	개코
キュヒョン	규현	タイフーン	타이푼
ソンミン	성민	DANA	다나

121

人名辞典／K-POP編

ダビチ	다비치	チャン・ナラ	장나라
イ・ヘリ	이해리	チャン・ユンジョン	장윤정
カン・ミンギョン	강민경	チャン・リーイン (張力尹)	장리인
SS501		チョPD	조PD
ホ・ヨンセン	허영생	チョ・ソンモ	조성모
キム・キュジョン	김규종	チョ・ヨンピル	조용필
キム・ヒョンジュン (マンネ)	김형준	超新星	초신성
パク・ジョンミン	박정민	ジヒョク	지혁
キム・ヒョンジュン (リダ)	김현중	ユナク	유학
Dal★shabet	달샤벳	ゴニル	건일
ビキ	비키	ソンジェ	성제
セリ	세리	ソンモ	성모
チユル	지율	グァンス	광수
アヨン	아영	天上智喜 the grace	천상지희 더 그레이스
ガウン	가은	DANA	다나
スビン	수빈	リナ	린아
ダルメシアン	달마시안	SUNDAY	선데이
イナティ	이나티	ステファニー	스테파니
デイデイ	데이 데이	Tei	테이
ダリ	다리	T-ara	티아라
ジス	지수	ウンジョン	은정
ドラマ (DRAMA)	다니엘	ファヨン	화영
ヨンウォン	영원	ジヨン	지연
男女共学	남녀공학	ソヨン	소연
スミ	수미	キュリ	큐리
ヒョヨン	효영	ヒョミン	효민
ヘウォン	혜원	ボラム	보람
アクドンクァンヘン	악동광행	DNT (Dragon & Tiger)	
チョンチユソン	천지유성	T-MAX	티맥스
チヘテウン	지혜태운	シン・ミンチョル	신민철
ヨルヒョルガンホ	열혈강호	キム・ジュン	김준
カオンヌリ	가온누리	パク・ハンビ	박한비
アルチャンソンミン	알찬성민	ジュ・チャンヤン	주찬양
ビョルビッチャンミ	찬미	TEEN TOP	틴탑
ウンギョ	은교	C.A.P	캡
CHI CHI		ニエル	니엘
セミ	세미	Ricky	유창현
ボルム	보름	L.Joe	엘조
スイ	수이	チャンジョ	창조
アジ	아지	チョンジ	천지
シャイン	샤인	DJ DOC	
チェ・ドンハ	채동하	キム・チャンニョル	김창렬
チェヨン	채연	イ・ハヌル	이하늘
CHERRYFILTER	체리필터	チョン・ジェヨン	정재용

Tim	팀	ドランクンタイガー	드렁큰 타이거
TAKE	테이크	タイガーJK	타이거 JK
TAKEN	테이큰	TransFixion	트랜스픽션
ソンウォン	성원	**ナ行**	
ダオン	다온	**ナインミュージス**	나인뮤지스
ユジュン	유준	セラ	세라
テヒョク	태혁	ミナ	민하
スンヨル	승열	ウンジ	은지
ゴヌ	건우	イ・セム	이샘
大国男児	대국남아	イ・ユエリン	이유애린
ミカ	미카	ヘミ	혜미
カラム	가람	キョンリ	경리
ヒョンミン	현민	ヒョナ	현아
インジュン	인준	ナム・ギュリ	남규리
Jay		NEXT	넥스트
TAEGOON (テグン)	태군	Nell	넬
テ・ジナ	태진아	**ノウル**	노을(Noel)
DUKE	듀크	カン・ギュンソン	강균성
DEUX	듀스	チョン・ウソン	전우성
イ・ヒョンド	이현도	イ・サンゴン	이상곤
キム・ソンジェ	김성재	ナ・ソンホ	나성호
2AM		NoBrain	노브레인
スロン	임슬옹	**NORAZO**	노라조
ジヌン	정진운	チョビン	조빈
チョ・グォン	조권	イヒョク	이혁
チャンミン	이창민	**NU'EST (ニューイスト)**	
2PM		JR	종현
ウヨン	우영	Aron (アロン)	아론
ジュノ	준호	ミンヒョン	민현
テギョン	택연	ベクホ	백호
ジュンス	준수	レン	렌
ニックン	닉쿤	**New.F.O**	뉴에프오
チャンソン	찬성	JN	제이엔
2NE1	투애니원	MIMA	미마
CL	씨엘	SOYI	소이
BOM	박봄	NARAE	나래
DARA	박산다라	DANAH	다아
MINZY	공민지	**ハ行**	
東方神起	동방신기	VIBE	바이브
ユノ・ユンホ	유노윤호	ハウル	하울
チェガン・チャンミン	최강창민	パク・キヨン	박기영
TRAX	트랙스	パク・ジェボム	박재범
ジェイ	제이	パク・チニョン	박진영
キム・ジョンモ	김정모	パク・チユン	박지윤

人名辞典／K-POP編

パク・チョンア	박정아	Fin.K.L	핑클
パク・ヒョシン	박효신	イ・ヒョリ	이효리
BUZZ	버즈	ソン・ユリ	성유리
Battle	배틀	イ・ジン	이진
バブル・シスターズ	버블 시스터즈	オク・ジュヒョン	옥주현
HAM	햄	ファヨビ	화요비
ガヒョン	가현	フィソン	휘성
スジン	수진	4Minute	포미닛
ヒョニ	효니	チョン・ジユン	진지윤
PARAN	파란	ホ・ガユン	허가윤
Honey Dew（ハニーデュー）	허니듀	ナム・ジヒョン	남지현
イスル	이슬	キム・ヒョナ	김현아
チョ・ヨンジン	조아	クォン・ソヒョン	권소현
ハリス	하리수	4Men	포맨
ハンギョン	한경	Fly To The Sky	플라이 투 더 스카이
Rain(ピ)	비	ブライアン	브라이언
BEAST	비스트	ファニ	환희
イ・ギグァン	이기광	Brown Eyed Girls	브라운 아이드 걸스
ヨン・ジュンヒョン	용준형	ミリョ	미료
ヤン・ヨソプ	양요섭	ジェア	제아
ソン・ドンウン	손동운	ガイン	가인
ユン・ドゥジュン	윤두준	ナルシャ	나르샤
チャン・ヒョンスン	장현승	Brave Girls	브레이브 걸스
BIG BANG	빅뱅	ウニョン	은영
G-DRAGON	G-드래곤	ヘラン	혜란
SOL	태양	イェジン	예진
T.O.P	탑	ソア	서아
D-LITE	대성	ユジン	유진
V.I	승리	BlockB	블락비
Big Mama	빅마마	ジコ	지코
B1A4	비원에이포	ジェヒョ	재효
ジニョン	진영	テイル	태일
BARO	바로	ユグォン	유권
サンドゥル	산들	ピオ	피오
シヌ	신우	パク・キョン	박경
ゴンチャン	공찬	ピボム	비범
HITT	히트	ペ・スルギ	배슬기
ハヨン	하용	BabyV.O.X	베이비복스
ヒョンジュン	현준	イ・ヒジン	이희진
ジュンテク	주택	カン・ミヨン	간미연
ウラム	우람	キム・イジ	김이지
ジェフン	재훈	ユン・ウネ	윤은혜
ホウォン	호원	シム・ウンジン	심은진
ピョル	별	ペク・チヨン	백지연